CON
BOOK.

Impressum

Autorin: Kristina vom Dorf
Verantwortlich: Matthias Walter
Lektorat: Carolin Weißer
Einbandgestaltung: Favoritbuero, München, unter Verwendung eines
Fotos von Kai Schmidsberger
Layout: David Janik
Printed in Turkey by Elma basim

 ★ ★ ★ ★ ★

**Sind Sie mit dem Titel zufrieden? Dann würden wir uns
über Ihre Weiterempfehlung freuen.**

Erzählen Sie es im Freundeskreis, berichten Sie Ihrem Buch-
händler oder bewerten Sie bei Onlinekauf. Und wenn Sie Kritik,
Korrekturen, Aktualisierungen haben, freuen wir uns über Ihre
Nachricht an feedback@conbook.de.

Unser komplettes Programm finden Sie unter 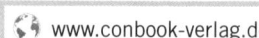 www.conbook-verlag.de

Die Deutsche Nationalbibliothek verzeichnet diese Publikation in
der Deutschen Nationalbibliografie; detaillierte bibliografische Daten
sind im Internet über http://dnb.d-nb.de abrufbar.

2. Auflage
© 2024 CONBOOK Verlag in der Bruckmann Verlag GmbH
Infanteriestraße 11a
80797 München

ISBN 978-3-95889-458-7

Kristina vom Dorf

MADE IN SACHSEN

Meine sächsischen Wurzeln, meine Landsleute und ich

CON
BOOK.

INHALT

Vorwort

Meine Kindheit

Bitte nicht Prinz Harry   13

Langen- wo?   16

Die sind doch alle braun in Sachsen   18

Vorurteile vs. Fakten   21

Die kleinsten Dörfer Sachsens   23

Sächsisch stirbt aus   28

Der Kaffeesachse   33

Liebenswertes Sachsen   39

Magische Weihnachten   41

Meine Jugend

Sachsen ist hollywoodreif   50

Prost   55

Es gibt kein Sächsisch   61

Wort des Jahres   65

Der beliebte Sachse   67

Sitzenbleiberkind   73

Dann machen wir eben etwas Kunst   75

Mein Studenten- und Berufsleben

Schicksalsfahrt   80

Die slawischen Wangenknochen   84

Die Medien-Tussi   87

Keine Wetterfee   89

Bereit für den Faktencheck Dresden?
Los geht's!   92

Traumberuf gefunden, oder?   94

Sächsisch ist Bummelletzter*   96

Der versoffene Frosch   102

Leipzig-Liebe   105

Mein Familienleben

Fußball, wohin man schaut   112
Die schönen Sachsenmädels   115
Sächsische Gemütlichkeit in Dänemark   121
Maultaschen für die Dänen   124
»Sächsische Küche«   126
Dschiddschoriengrien   130
Erfindungen und Pfusch   132
Erfindungen   133
Produkte aus Sachsen weltweit   134
Sächsin goes Zypern   138

Mein Leben heute

Kann ich noch Deutschland?   142
Wer tummelt sich auf dem Account?   145
Freiwild im Internet   148
Die Influencerin Lene Voigt   151
Ronny-Bashing   153
Zeigt euch, ihr Sachsen!   156
Mein Osten   160
Sachsen-Stars   162
Hoffentlich bald vergessene Sachsen   164
Der stolze Sachse   165
Lach doch mal!   167
Die Franken und die Sachsen   168
Kleines sächsisches Wörterbuch   171
Dialekt ist Heimat und Seele   172

Danksagung

VORWORT

*oder warum Sie dieses
Buch lesen sollten!*

Bevor ich Ihnen sage, was »Made in Sachsen« alles kann, möchte ich etwas klarstellen. Wenn Sie dieses Buch lesen, dann werden Sie schnell erkennen, dass es sich nicht um einen Reiseführer handelt. Es ist kein Ratgeber und vor allem ist es weder ein politisches noch ein historisches Buch.

Vielmehr beschreibt dieses Buch meine Heimat Sachsen und ihre Bewohner so, wie ich sie als Kind, Jugendliche und junge Journalistin erlebt habe, wie ich sie heute wahrnehme und vor allem in Zukunft sehen möchte.

Ich möchte endlich den Staub aus dem sächsischen Jackett klopfen und ein modernes, weltoffenes und wunderschönes Sachsen zeigen, was auch die Menschen sehen können, die sich mit Händen und Füßen dagegen wehren, die keine Ahnung haben, wie wir Sachsen sind und die sich dennoch eine Meinung gebildet haben. Aber ich hoffe auch diejenigen zu erreichen, die sich nicht mehr zu 100 Prozent mit ihrer sächsischen Herkunft identifizieren können. Vor allem ist dieses Buch aber auch für Sachsen, die ihre Heimat, ihren Dialekt und die Mentalität so lieben wie ich.

Dieses Werk soll Ihnen zeigen, wie liebeswert Sachsen und seine Bewohner sind und wie gern wir über uns selbst lachen und es Leid sind, uns zu verstecken. Warum sollten wir auch?

Wir Sachsen haben die Welt bereist und Erfindungen gemacht, von denen alle profitieren. Wir haben die schönsten Mädchen, die an Bäumen wachsen, und bei der Pisa-Studie hängen wir immer wieder alle ab. Unser Dialekt, der so gern durch den Schlamm gezogen wird, ist dem Hochdeutschen von allen Dialekten am nächsten, und Goethe reiste einst extra nach Leipzig, um sich sprachlich weiterzubilden.

Fakten gegen Vorurteile, könnte man sagen, oder Geschichten aus meinem eigenen Leben können als Beispiel für Weltoffenheit, Anpassungsfähigkeit und der ewigen Leidenschaft, Neues zu entdecken, dienen.

Es gibt Themen in diesem Buch, vor allem politische oder historische, die ich bewusst nicht näher beleuchte. Sicher nicht, um diese unter den Teppich zu kehren oder totzuschweigen. Meiner Meinung nach gibt es genügend andere Plattformen, auf denen man sich über politische und historische Themen austauschen kann. Mein Buch sehe ich allerdings nicht als solche.

»Made in Sachsen« soll vor allem leicht und lustig sein, es soll Sie unterhalten und Lust auf unseren Freistaat und die Menschen dort machen. Es soll uns Sachsen wieder daran erinnern, warum wir uns hier so wohl fühlen, was uns besonders macht und dass wir unseren »Sachsenstolz« und unseren Dialekt auch nach außen tragen dürfen.

MEINE
KINDHEIT

Als ich begann, dieses Buch zu schreiben, war schon nach den ersten Seiten klar, dass es sehr persönlich werden würde. In mein Erstlingswerk *»How to survive auf dem Dorf«,* das ich vor vier Jahren schrieb, lasse ich vor allem meine Kindheit und Jugend einfließen, und dennoch ist es lange nicht so privat wie dieses Werk. Auch in meiner Liebeserklärung »Niemals Dänemark« gibt es viele persönliche Einblicke in mein Leben. Doch auch dort überwiegen immer die Fakten und Informationen. Das ist in diesem Buch anders. Es ist voll von Kristina vom Dorf, aber eben auch voll von Kristina Ahnert, wie ich schließlich 32 Jahre meines Lebens hieß.

Einerseits stehen in diesem Buch also alle wichtigen Stationen meines Lebens. Ungeschönt, nicht künstlich aufgebauscht, sondern echt. Damit biete ich sicherlich eine große Angriffsfläche, weil ich mich durch die persönlichen Storys und Gedanken auch angreifbar mache und weil ich meine Familie und Freunde unweigerlich mit in dieses öffentliche Boot ziehe.

Andererseits möchte ich Ihnen so viele Fakten, lustige Geschichten und wissenswerte Details über Sachsen an die Hand geben, wie es nur geht. Wie also vereint man eine Art gekürzte und lückenhafte, auf Highlights begrenzte Autobiografie und einen Text voller Fakten?

Ich habe mich dafür entschieden, mein bisheriges Leben als roten Faden für alle Erzählungen, Geschichten, Fakten und Gedanken in diesem Buch zu benutzen. Und wo starten wir, wenn wir ganz am Anfang beginnen wollen? Genau, bei der kleinen Kristina vom Dorf. Obwohl, Rotzlöffel vom Dorf trifft es wahrscheinlich besser.

Bitte nicht Prinz Harry

Sichere Quellen, wenn es um Fragen zu meiner Kindheit in Sachsen geht, sind natürlich immer meine Eltern und Großeltern. In einem der ersten Recherchegespräche sagte meine Mutsch (so nenne ich meine Mutter) zu mir: »Überleg dir aber, was du über uns schreibst, sonst geht es dir wie Prinz Harry.« Klingt wie eine Drohung, war auch so gemeint. Aber natürlich muss man diese Aussage mit einem Augenzwinkern sehen. Als Prinz Harry das Enthüllungsbuch über die englische Königsfamilie schrieb, hätte ihm Charles vielleicht auch den weisen Rat meiner Mutter mit auf den Weg geben sollen. Dann dürfte Harry vielleicht noch heute an den rauschenden Festen im Palast teilnehmen. Stattdessen ist die royale Familie zerstritten.

Dennoch verstehe ich natürlich genau, was mir meine Mutsch damit sagen wollte. Es gibt einfach Familieninterna, die man nicht in der Öffentlichkeit breittreten sollte, und auf der anderen Seite gibt es Erinnerungen und Erlebnisse mit der eigenen Familie, die mich so sehr geprägt haben und so unvergesslich sind, dass sie in dieses Buch gehören. Ich hoffe also, dass mir ein guter Spagat gelingt. Nur so können die Leser besser verstehen, warum ich bin, wie ich bin, warum ich heiße, wie ich heiße und wie sehr mich meine Jugend und Kindheit in Sachsen beeinflusst haben.

Ich bin also hiermit von meiner Mutsch vorgewarnt und starte deshalb mit den völlig frei gewählten Worten: »Ich hatte eine grandiose Kindheit, danke Mutsch!« in dieses Buch.

Ich hätte wirklich nicht schöner und behüteter aufwachsen können als in meinem kleinen sächsischen Dorf. Auch was das Timing betrifft, kann ich mich nicht beschweren, denn als ich 1987 geboren wurde, stand der Mauerfall direkt bevor. Wie oft habe ich den Satz: »Ach, da hast du von der Mauer ja gar nix mehr mitgekriegt.« schon gehört. Und ja, ich bin zum Glück jung genug, um dieses Kapitel nur aus Erzählungen und Geschichtsbüchern zu kennen. Und weil das so ist, werde ich hier auch nicht näher darauf eingehen. Ganz anders ist es beim Thema Dorfleben. Darauf muss ich eingehen, denn mein Künstlername »Kristina vom Dorf« kommt nicht von ungefähr.

Das Dorfleben und meine Kindheit haben mich sogar so stark geprägt, dass ich bereits ein ganzes Buch mit meinen Erinnerungen gefüllt habe. In meinem Debut *»How to survive auf dem Dorf«* gebe ich Menschen Überlebenstipps, die in kleinen Gemeinden leben oder leben wollen, und ich fülle ganze Kapitel damit, zu erzählen, dass ich an keinem anderen Ort dieser Welt hätte aufwachsen wollen.

Müsste ich einem Vollblutstädter erklären, was es bedeutet, auf dem Dorf zu leben, würde ich ihn für eine Woche mit nach Langenreinsdorf nehmen und es ihm zeigen.

Dorf ist für mich: Zeit in der freien Natur zu verbringen, immer Leute um sich zu haben, die einen unterstützen oder bereit für den neusten Dorftratsch sind, zu lernen, wie man körperlich anpackt und dass der Zusammenhalt das Wichtigste ist. All das sind typische Dorftugenden.

Bei uns wurde nie verblümt gesprochen, es wurde Tacheles geredet und zwar im feinsten Sächsisch. Ehrlicherweise muss ich mir als Sächsin wohl eingestehen, dass unsere Mundart für Außenstehende etwas derb, hart und plump klingen könnte. Wenn also mein Opa früher zu meinen Eltern sagte: *»De Kristina heuld, weil se offs Maul geflochn is.«* (Übersetzung: Kristina weint, weil sie auf den Mund gefallen ist.), dann war das auf eine ganz sächsische Art und Weise tröstend und liebevoll gemeint. Jetzt könnten die Menschen, die mich etwas besser kennen, sagen, dass dieser raue Umgangston einiges erklärt. Ich aber sage: Die Art und Weise, wie in meiner Kindheit mit mir gesprochen wurde, hat mich für mein ganzes Leben abgehärtet. Auf dem Dorf weht ein anderer Wind, und auf einem sächsischen Dorf wütet der verbale Sturm.

Wie schon der sächsische Kabarettist Tom Pauls sagte: »Die Sachsen geizen mit Komplimenten.« Diese Behauptung kann ich zu 100 Prozent bestätigen. Wenn ich in meiner Kindheit etwas richtig gemacht habe, gab es dafür keine überschwänglichen Lobeshymnen, bestenfalls einen anerkennenden Klaps auf die Schulter und das wars. Darüber möchte ich mich auch überhaupt nicht beschweren, im Gegenteil.

Durch den Umgang auf dem Dorf und die knallharten Ansagen, die auf Sächsisch irgendwie noch härter klingen, kann ich heute als Erwachsene viel leichter mit Kritik umgehen und warte nicht ständig auf verbale Bestätigung. Keinem Lehrer, keinem Professor und auch keinem meiner Chefs ist es jemals gelungen, mich mit Worten einzuschüchtern. Und noch wichtiger: Keiner konnte mich bisher zum Schweigen bringen. Wenn mich jemand nach meiner Meinung fragt, dann bekommt er diese. Ehrlich und auf meine harte, sächsische Art. Auf der anderen Seite bin ich selbst empfänglich für Kritik und kann mit Ehrlichkeit und Direktheit umgehen – meiner Meinung nach typisch sächsische Eigenschaften.

Langen- wo?

Meiner Meinung nach hat es allerdings auch einen klitzekleinen Nachteil, aus einem kleinen sächsischen Dorf zu kommen: Ich werde nun schon seit über 30 Jahren nach meiner Herkunft gefragt, und ich kenne die richtige Antwort bis heute nicht. Natürlich kennt niemand in Deutschland Langenreinsdorf, das setze ich bei einer 750-Seelen-Gemeinde auch gar nicht voraus. Aber selbst in Sachsen ist es unmöglich, meine Herkunft zu erklären ohne ganz weit auszuholen.

Mein Monolog klingt dann meist so: »Ich komme aus Langenreinsdorf, das ist ein kleines Dorf und ein Ortsteil von Crimmitschau.« An diesem Punkt meiner Rede füllt sich das Gesicht meines Gegenübers meist noch nicht mit Erkenntnis, es sei denn er oder sie ist zufällig Eishockeyfan. Dann dürften die Eispiraten vom ETC Crimmitschau nämlich nicht unbekannt sein. Ich bin ehrlich, die wenigsten kennen sich so gut im Zweitliga-Eishockey aus. Also spreche ich weiter: »Crimmitschau ist in der Nähe von Zwickau und Chemnitz.« Wenn auch dieser Hinweis nicht weiterhilft, fahre ich meist härtere Geschütze auf, auch, wenn ich geografisch damit jegliche Glaubwürdigkeit verliere: »Das Langenreinsdorf in der Nähe von Leipzig und Dresden.« Wenn sie sich diese Beschreibung bildlich vorstellen, müsste das eine Auge nach links und das andere Auge nach rechts schauen. Es ergibt eigentlich keinen Sinn, aber spätestens jetzt ruft mein Gegenüber immer: »Ah, Leipzig!« oder »Oh, wie schön, Dresden!« Und alle sind zufrieden, aber woher ich komme, weiß dennoch keiner.

Wenn ich bei meiner »in der Nähe von Dresden«-Version bleibe, dann könnte ich sogar im gleichen Atemzug sagen, dass ich aus dem Herzen Sachsens komme. Klingt gut oder? Stimmt aber eben nicht. Bei meinem Heimatdorf verhält sich das nämlich anders, da mein Langenreinsdorf nämlich sehr nah an der Grenze zu Thüringen liegt. Vielleicht wird mir auch deshalb manchmal vorgeworfen, dass mein Sächsisch nicht perfekt sei. So 'ne Frechheit!

Warum es korrektes oder perfektes Sächsisch allerdings gar nicht gibt und was unseren Dialekt so vielfältig macht, lesen Sie noch ausführlich in diesem Buch. Doch zu Beginn lohnt es sich, einen Blick darauf zu werfen, was die Sachsen und die Nicht-Sachsen so über Sachsen denken und vor allem, was die Sachsen denken, was die Nicht-Sachsen über die Sachsen und Sachsen denken. Sie kommen nicht mehr mit? Keine Sorgen, ich erkläre es Ihnen.

Die sind doch alle braun in Sachsen

Wo Menschen sind, sind Vorurteile. Klingt einfach dahingesagt, stimmt aber zu 100 Prozent. Wir Menschen bilden uns eine Meinung über Dinge, bestenfalls aufgrund von Erfahrungen. Meistens jedoch sind es nicht einmal die eigenen Erfahrungen, die uns beeinflussen, sondern die Meinung anderer. Sei es ein Artikel, der Nachbar, das Gerede der Leute oder unsere Familie. Wir haben eine Meinung über etwas oder jemanden, den wir nie persönlich getroffen oder kennengelernt haben. Leider schwingt bei dem Wort »Vorurteil« auch immer etwas Negatives mit. Oftmals sind diese nämlich sogar mit Abneigung und Hass verbunden. Zum Glück gibt es aber eben auch jene, die einem zum Schmunzeln bringen.

Als ich in Zypern gelebt habe, sagte meine Nachbarin einmal zu mir: »Du bist gar nicht typisch deutsch.« Als sie den Satz ausgesprochen hatte, hatte ich sofort gesehen, dass sie sich der unangenehmen Situation, in die sie sich gebracht hatte, sehr bewusst war. Ich lachte kurz auf und fragte: »Ach so? Was ist denn typisch deutsch?« Sie wollte nicht so richtig mit der Sprache rausrücken, aber natürlich konnte ich jetzt nicht mehr lockerlassen. Sie sagte: »Die Deutschen sind immer so streng und lachen so wenig.«

Ich sollte vielleicht dazu sagen, dass wir während des Gesprächs auf einer Party waren und der zypriotische Wein ausgezeichnet schmeckte. Es war also selbst für mich als scheinbar mieslaunige und strenge Deutsche leicht, das Leben zu genießen.

Ich fragte sie, wie viele Deutsche sie kenne und sie antwortete: »Nur dich.« Natürlich musste sie dabei lachen, und ich war froh, dass ich die eine Deutsche war, die in Zypern vielleicht zumindest ein bisschen mit den Vorurteilen über uns aufräumen konnte.

Wenn Sie also einmal das Wort »Vorurteil« definieren müssen, nutzen Sie diese Geschichte. Warum ich das erzähle? Ich habe den Eindruck, dass es vor allem über uns Sachsen in Deutschland eine Menge Vorurteile gibt und diese leider oftmals negativ behaftet sind. Um herauszufinden, ob ich damit richtig liege, habe ich eine Umfrage unter Sachsen gestartet, welche Vorurteile über den Sachsen selbst oder das Bundesland Sachsen sie am meisten nerven. Hier nun die Top-Antworten ungeschönt, unkommentiert und ohne persönliche Wertung.

Welche Vorurteile nerven die Sachsen, wenn es um ihre Herkunft geht?

- Der sächsische Dialekt sei unerotisch.
- Alle Sachsen seien dumm, rückständig oder Hinterwäldler.
- In den Medien wird Sachsen als Dunkeldeutschland und brauner Sumpf dargestellt.
- Sachsen wird zu oft mit ganz Ostdeutschland gleichgesetzt.
- Wenn ein Nicht-Sachse den sächsischen Dialekt nachäfft.
- Alle Sachsen haben eine rechte Gesinnung, sind Querdenker und wählen die AfD.
- Der sächsische Dialekt sei der schlimmste in ganz Deutschland.
- Die Sachsen haben eine mangelnde Bildung.
- Alle Sachsen lieben FKK (Freikörperkultur).

Schön wäre, wenn ich es schaffe, bis zum Ende des Buches ein paar Vorurteile aus der Welt zu räumen. Was den »unerotischen, sächsischen Dialekt« allerdings angeht, wird das schwer. Ehrlich gesagt, möchte ich aber auch nicht in tiefstem Bairisch ins Ohr geflüstert bekommen, wie schön ich bin. Dialekt und Erotik gehören für mich irgendwie nicht unmittelbar zusammen.

Vorurteile vs. Fakten

Da Ihnen in diesem Buch immer wieder das Wort »Dialekt« begegnen wird, möchte ich dieses gleich zu Beginn einmal vorbildlich definieren. In Deutschland ist die Standardsprache Hochdeutsch. Das Hochdeutsche ist quasi die Sprache, auf die man sich einigte, damit sich alle Menschen innerhalb dieses Landes verständigen können.

Im Alltag allerdings sprechen die meisten Menschen untereinander eine bestimmte Variante der deutschen Sprache. Diese Variante nennt man dann Dialekt. Oftmals unterscheiden sich die Dialekte und das Hochdeutsche in den Punkten Satzbau und Grammatik. Buchstaben werden häufig anders ausgesprochen, weggelassen oder einfach angehängt. Wie genau man Sächsisch spricht, werde ich Ihnen natürlich auch noch detailliert erläutern.

Aber Vorsicht! Sehr viele Menschen in Sachsen sind der Überzeugung, dass man den sächsischen Dialekt nicht lernen kann, sondern man muss diesen mit der Muttermilch aufgesogen haben.

Vorurteilen gegenüber stehen immer Fakten. Deshalb möchte ich es auch nicht versäumen, ein paar wichtige Worte zu definieren und ein paar Fakten zum Thema Sachsen aufzuzählen. Damit Sie beim Lesen allerdings nicht einschlafen, mache ich ein Quiz daraus, und Sie können gleich mal zu Beginn ihr Sachsen-Wissen testen:

Was ist die Hauptstadt Sachsens?

    a) Leipzig

    b) Chemnitz

    c) Dresden

Wie viele Einwohner hat Sachsen?

    a) 5,1 Millionen

    b) 4,1 Millionen

    c) 3,1 Millionen

Wie groß ist Sachsen?

    a) ca. 25.000 km²

    b) ca. 18.500 km²

    c) ca. 15.500 km²

Welches Bundesland grenzt nicht an Sachsen?

    a) Thüringen

    b) Brandenburg

    c) Berlin

Welches ist der größte See in Sachsen?

    a) Störmthaler See

    b) Zwenkauer See

    c) Bärwalder See

Welche Stadt ist die älteste in Sachsen?

    a) Meißen

    b) Torgau

    c) Grimma

Von den knallharten Fakten zurück zu den Vorurteilen. Besonders die Bewohner kleinerer Dörfer scheinen dazu zu neigen, welche zu haben. Merken Sie etwas? Das ist schon wieder ein Vorurteil. Ich will dieses aber gar nicht analysieren oder gar bestätigen, eigentlich wollte ich nur ganz galant zum nächsten Thema überleiten.

Die kleinsten Dörfer Sachsens

Bis ich dieses Buch geschrieben hatte, dachte ich, dass Langenreinsdorf mit seinen 750 Einwohnern klein ist. Aber haben Sie schon mal etwas von Dobschütz gehört? Dieser Ortsteil gehört zur Stadt Nossen im Landkreis Meißen und wird auch als kleinstes Dorf Sachsens bezeichnet. Genau sechs Menschen wohnen hier. Während in vielen Orten Sachsens die Bevölkerungszahl zurückgeht, hat sich diese in Dobschütz in den letzten Jahren allerdings sogar verdreifacht.

Im Jahr 2010 lebte nur noch ein altes Ehepaar hier. Dann kam das Ehepaar Papmeyer dazu und bekam zwei Kinder. Bevor sich das damals noch unverheiratete, kinderlose Paar für ein Leben auf dem Land entschied, studierten sie in England und arbeiteten danach in der

Schweiz. Nun leben die Weltenbummler deutlich zurückgezogener und ruhiger im Dreieck zwischen Meißen, Nossen und Döbeln, weitab von Lärm und städtischem Alltagestress. Für viele der perfekte Ort, um Kinder großzuziehen.

In Dobschütz können sie ihren Traum vom Bauernhof leben. Der Dreiseitenhof stammt aus dem Jahr 1699. Ihr Gehöft ist umgeben von Wiesen, Feldern und Bäumen. Der nächste Supermarkt ist aber auch nur zehn Autominuten entfernt.

Mittlerweile fungiert das Gehöft als Erlebnishof für Urlauber. Familie Papmeyer hält Rinder, Pferde, Esel, Schafe und Hühner. Mit ihrer Pension laden sie zum Urlaub auf dem Bauernhof ein. Vielleicht kommt der ein oder andere Gast ja auch auf den Geschmack und möchte ein Leben irgendwo im Nirgendwo. Dann würde die Bevölkerungsexplosion und damit die Erfolgsgeschichte vom eigentlich schon totgesagten Dobschütz weitergehen.

Wer Dobschütz kennt, sollte unbedingt auch etwas über Liebon erfahren. Sie kennen Liebon nicht? Liebon ist so speziell, dass noch nicht mal die Suchmaschinen im Internet nachkommen. Wikipedia weiß zum Beispiel so viel: »Liebon, obersorbisch, ist ein Bauernweiler in der sächsischen Gemeinde Göda im Landkreis Bautzen. Der mit nur noch einem Einzelgehöft belegte Weiler liegt innerhalb des Kernsiedlungsgebiets der Sorben in der Oberlausitz.« Ein Weiler, was so viel bedeutet wie »noch kleiner als ein Dorf«, ist quasi eine Art Siedlung.

Dieser Eintrag klingt zugegebener Maßen nicht sonderlich spannend, weil die neusten Entwicklungen darin keine Rolle spielen. In der Vergangenheit fand sich Liebon nämlich immer wieder in den Schlagzeilen wieder. Bekannt wurde der Weiler als »Ebay-Dorf«. Bereits 2009 wurde das Dorf bei der Verkaufsplattform mit dem Slogan: »Kaufen Sie doch ihr eigenes Dorf!« angeboten.

Ein Wohnhaus, drei Stall- und Lagergebäude und knapp 1,5 Hektar Land, dazu ein kleiner Teich. Dennoch hatte für lange Zeit niemand Interesse, bis Andreas Reitmann aus Dresden seine Vision vom energieautarken Mehrgenerationenhof hatte und diese in Liebon umsetzen wollte. Zum Preis von 62.000 Euro wurde der Deal eingetütet. 3, 2, 1, deins!, lieber Andreas. Damals war das Dorf noch von acht Leuten bewohnt.

Nun, einige Jahre später ist das kleine Dorf nicht wiederzuerkennen. Andreas Reitmann wurde zu Beginn seines Projektes eher belächelt, doch mittlerweile setzt er immer mehr Ziele erfolgreich in die Tat um und hat sich Respekt verdient. Das Dorf hat, Stand heute, 20 Einwohner. Es wird zweieinhalbmal mehr Strom produziert, als verbraucht wird. Außerdem entstanden acht neue Ferienwohnungen, die nur durch die Sonne versorgt werden. In Liebon wird auf jegliche Verbrennung zur Energiegewinnung verzichtet.

Die nächsten Wohnhäuser sind bereits in Bau, natürlich aus Lehm. Ziel ist es, an die Zahl von 50 Einwohnern anzuknüpfen, die es bereits in der Vergangenheit gab. So sollen Wohngemeinschaften entstehen, die mehrere Generationen beherbergen. Auch die landwirtschaftlichen Voraussetzungen sind in Liebon optimal. Die Böden gehören zu den fruchtbarsten in Deutschland, weshalb zukünftig auch Selbstversorgung angestrebt wird. So wurde Liebon in den letzten Jahren zu einem der modernsten und innovativsten Dörfer Sachsens. Andreas Reitmann möchte zeigen, dass eine ökologische, nachhaltige Lebensweise keine Utopie, sondern schon heute machbar ist.

Weil die Themen »Vorurteile« und »kleine Dörfer« eben auch so hervorragend zu Langenreinsdorf passen, möchte ich Ihnen noch kurz eine Geschichte erzählen, die meiner Meinung nach auch etwas über die Mentalität der Sachsen aussagt und vielleicht auch gewisse Vorurteile aufweicht, obwohl es sie im ersten Moment zu bestärken scheint.

Der Mann meiner Schwester ist Dominikaner und lebt zusammen mit ihr und den Kindern in Langenreinsdorf. Ich werde nie vergessen, wie das erste bewusste Aufeinandertreffen eines unserer Nachbarn mit Julio an der Bar in unserer Kneipe ablief. Lassen Sie uns den Nachbarn »Heinz« nennen, damit ich die Story besser erzählen kann.

Heinz und Julio standen sich also an der Bar gegenüber und tranken ihr Bier. Ich stand mit etwas Abstand hinter den beiden und wurde erst auf die Situation aufmerksam, als ich sah, wie sich Heinz in Richtung Julio beugte und seinen Mund zum Sprechen öffnete. Ich möchte fairer Weise noch erwähnen, dass Heinz eventuell ein paar Bier (und einen Schnaps) zu viel hatte.

Er lehnte sich also zu Julio, sah ihm tief in die Augen und sprach ganz langsam, deutlich und beinahe auf Hochdeutsch zu ihm: »Weißt du, was eine Sau ist, also ein Schwein?« Wenn man Heinz besser kennt und weiß, dass er ein Bauer durch und durch ist und auch niemals unser schönes kleines Dorf verlassen hat, dann weiß man auch, dass er die Frage genau so meint, wie er sie stellt.

Er sprach langsam und deutlich, damit ihn sein Gegenüber auch sicher versteht, und mit seiner Frage checkte Heinz Julios Bauernhof-Skills. Sie können sich vorstellen, dass ich diese Frage erst ein wenig geschockt aufgenommen hatte, weil ich die Intension dahinter überhaupt nicht nachvollziehen konnte. Bei längerem Nachdenken hätte die Frage aber wohl auch lauten können: »Julio, wie steht es eigentlich um dein Deutsch und habt ihr in der Dominikanischen Republik auch Viehzucht?«

Gelassen und entspannt, wie mein Schwager ist, gab es von ihm einen freundschaftlichen Klaps auf Heinz' Schulter, ein lautes, herzliches Lachen und ein deutliches »Ja, ich weiß, was ein Schwein ist.« Danach wurde weiter gemeinsam Bier getrunken.

Julio spricht fließend Deutsch, hat die deutsche Staatsbürgerschaft angenommen und weiß natürlich, was eine Sau ist. Eigentlich möchte ich mit dieser Story auch nur zeigen, dass nicht immer Ablehnung oder Hass hinter solchen Geschichten stecken, sondern manchmal ist es auch einfach Unwissenheit und naive Neugierde. Diese Unwissenheit ist meiner Meinung nach kein rein sächsisches Problem, sondern herrscht deutschlandweit – vor allem in ländlich geprägten Regionen.

Und soll ich Ihnen noch etwas sagen? Nach ein paar Jahren in Thüringen und einigen weiteren in Sachsen sächselt mein Schwager auch und hat der Dorfjungend damit einiges voraus. Während nämlich vor allem die älteren Bewohner in Langenreinsdorf weiter munter Sächsisch sprechen, verschwindet der Dialekt mehr und mehr aus dem Sprachgebraucht der Jüngsten. In ganz Deutschland macht sich ein Phänomen breit, was die Sprachwissenschaftler ins Schwitzen bringt.

Sächsisch stirbt aus

Seit Jahren registrieren Sprachwissenschaftler das Aussterben der Dialekte. Auch unser schönes Sächsisch ist dabei keine Ausnahme. Die aktiv gesprochenen Dialekte gehen zurück, stattdessen dominieren die sogenannten Regiolekte. Als Regiolekt bezeichnet man die regional verbreitete Umgangssprache. Mundart dagegen steht dafür, wie Wörter ausgesprochen werden. Mittlerweile bemühen sich Mundart-Vereine und auch immer mehr Schulen im Freistaat darum, dass die Dialekte lebendig bleiben.

In meiner Schulzeit gab es solche Projekte noch nicht. Direkt im Nachbarort Blankenhain habe ich die Grundschule besucht und natürlich wurde dort Sächsisch gesprochen. Ich erwähne das deshalb so explizit, weil es mittlerweile auch in Sachsen nicht mehr Gang und Gäbe ist.

Viele meiner Mitschüler kannte ich bereits vor der Einschulung durch meine Zeit im Kindergarten oder eben, weil sie meine Nachbarn oder Spielkameraden waren. Typisches Dorfleben halt, jeder kennt jeden. Dass gerade in den ländlichen Gegenden Dialekte besonders stark ausgeprägt sind, ist sicher kein Geheimnis. Ich glaube, ein Nicht-Sachse hätte große Probleme, in Langenreinsdorf alles zu verstehen, wenn die Dorfbewohner ihren Wochentratsch an den Gartenzäunen halten. Nicht nur die Schüler in meiner Grundschule waren alle aus der gleichen Gegend, auch unsere damaligen Lehrer kamen aus der direkten Umgebung. Heute sieht das anders aus.

Durch zugezogene Lehrer und Schüler wird der sächsische Dialekt mehr und mehr aus den Klassenzimmern verdrängt. Es ist nicht mehr an der Tagesordnung, als Klassenverbund und im Kollegium untereinander zu sächseln. Dabei rede ich noch nicht einmal nur vom Unterricht, sondern auch auf dem Pausenhof hört man kaum noch sächsische Mundart. Natürlich kann diese Tatsache zum einen daherkommen, dass zu Hause kein Sächsisch gesprochen wird, weil die Eltern selbst zugezogen sind. Zum anderen kann es aber auch daran liegen, dass Sächsisch nicht als »cool« angesehen wird. Nicht selten wird unser Dialekt in den Medien lächerlich gemacht, und auch auf der Beliebtheitsskala der Deutschen findet man Sächsisch ganz unten (mehr dazu ab Seite 96 im Kapitel *»Sächsisch ist Bummelletzter«*). Dadurch kommen schon die Jüngsten immer weniger damit in Berührung und sehen keinen Grund, ihren Dialekt weiterzuführen. Wer will schon uncool sein?!

Dazu kommt, dass sich bereits vor einigen Jahren der Trend durchgesetzt hat, im Unterricht Hochdeutsch zu sprechen, vor allem auch deshalb, weil es Kindern mit stark ausgeprägtem Dialekt oftmals deutlich schwerer fällt, korrekt zu schreiben. Wenn die Schüler die Worte schreiben, wie sie diese in ihrem Dialekt aussprechen, dann schleichen sich Fehler ein. Im Sächsischen wird nämlich beispielsweise, überspitzt gesagt, aus dem Wort »Papa« »Baba«, aus »Käse« wird der *»Geese«* und aus »nicht« wird *»nüsch«* und so weiter. Die »Hochdeutschpflicht in Schulen« soll den Schülern den Schritt ins spätere Berufsleben vereinfachen, besonders wenn abzusehen ist, dass die jungen Menschen dafür ihre Heimat verlassen werden. Wer mit einem ausgeprägten Dialekt in ein anders Bundesland geht, wird es vermutlich immer schwerer haben, egal ob man aus Sachsen, Bayern oder woher auch immer kommt.

Seit einiger Zeit schlagen Forscher und Politiker jedoch Alarm. Sprachforscher fordern, dass Dialekte im Unterricht mehr gefördert werden müssen, weil sie mehr und mehr verschwinden. In den Elternhäusern wird Mundart nicht mehr gesprochen, also soll es die Schule richten. Dabei geht es aber nicht nur um den sächsischen Dialekt. Das Problem besteht deutschlandweit und betrifft damit alle Dialekte.

Den Warnschuss haben vor allem die Bundesländer Bayern, Hamburg und Mecklenburg-Vorpommern gehört, denn dort gibt es schon länger Kurse, um Kinder gezielt in der regionalen Mundart zu unterrichten. In sächsischen Lehrplänen der dritten Klasse steht Mundart im Wahlbereich. Die Lehrer entscheiden also selbst, ob sie den sächsischen Dialekt unterrichten wollen, aber verpflichtend ist es nicht.

Was die wenigsten wissen: Studien von Hirnforschern haben ergeben, dass bei Kindern, die Mundart beherrschen, das Sprachzentrum im Gehirn stärker ausgebildet ist. Bundesweit gibt es über 20 Dialekträume mit insgesamt mehr als 50 Dialekten. Die einzelnen Mundarten dagegen sind gar nicht erfassbar.

Doch worin besteht eigentlich der Unterschied zwischen den Begriffen »Mundart« und »Dialekt«? Heute werden die beiden Worte synonym verwendet, meinen aber nicht zwangsläufig das gleiche. Deshalb hier eine kurze Erklärung:

Die sprachlichen Eigenheiten von Dialekten lassen sich aufschreiben. Bei der Mundart dagegen handelt es sich mehr um die Art und Weise, wie Wörter ausgesprochen werden. Wenn beispielsweise ein Sachse einen hochdeutschen Text vorliest, würde man bei den meisten dennoch hören, dass er aus Sachsen kommt. Der Vorleser kann die meist unbewusste Art der Aussprache nicht beeinflussen. Dialekte dagegen kann man nachahmen und imitieren, auch wenn man nicht aus der jeweiligen Region stammt. Würde man dagegen einen Text in Mundart verfassen, würde dieser sämtliche Rechtschreibregeln sprengen.

Der Reporter Franz Bertram Firla hat es in meinen Augen perfekt zusammengefasst. Er sagt: »Die Mundart hat man, den Dialekt spricht man.« Wenn Sie diesen Unterschied einmal am lebenden Objekt testen möchten, hier die Anleitung dazu: Lassen Sie einen Sachsen Sächsisch sprechen und Sie werden den Dialekt hören. Wenn Sie diesen Sachsen allerdings Hochdeutsch sprechen lassen, dann vernehmen Sie die Mundart. Viele Menschen benutzen deshalb auch für das Wort Mundart den Begriff »Akzent«.

Doch vor allem durch die mediale Aufmerksamkeit zum Thema »Aussterben der Dialekte« fällt auf, dass nicht nur die Kids ab und an mit sächsischen Hausaufgaben nach Hause kommen. Auch in regionalen Restaurants findet man auf den Speisekarten wieder vermehrt Begriffe wie »*Ditschen*« (eintauchen) und Co., und selbst auf Schaufensterscheiben von Modegeschäften kann man Sprüche wie: »*Nur naggsch gombd ginsdscher.*« (Übersetzung: »Nur nackt kommt günstiger.«) lesen. Es tut sich also etwas. Die Sachsen wehren sich gegen das Vergessen ihres Dialektes.

Auch ich habe mir den Erhalt der sächsischen Sprache auf die Fahnen geschrieben. Fragt mich bitte nicht, wie ich da reingerutscht bin. Ich, die Dame, die 30 Jahre lang versucht hat, ihren Dialekt abzutrainieren, dafür sogar Ärzte und Kurse aufgesucht hat. Ich, die immer ein lupenreines Hochdeutsch sprechen wollte. Warum mittlerweile alles anders ist und wie die Rettung unseres Dialektes bei mir aussieht, lest ihr auf Seite 142 im Kapitel »Kann ich noch Deutschland?«.

Nach so vielen Horrorgeschichten über das Aussterben unseres geliebten Sächsisch, sollten wir uns aber erstmal einen Kaffee gönnen!

Der Kaffeesachse

Wer etwas über die Sachsen und deren Geschichte erfahren will, kommt an dem Wort »Kaffeesachse« nicht vorbei. Ich will ehrlich sein: Als ich das Wort zum ersten Mal gehört habe, hielt ich es für einen Alte-Leute-Begriff, der mir niemals selbst über die Lippen kommen würde. Einmal mehr war es allerdings mein Vattke (So nenne ich meinen Vater. Wir in Sachsen sagen auch gerne: Vati oder Babba), der mich etwas genauer zuhören ließ und mir die weltentscheidende Verbindung zwischen Kaffee und dem *»Ditschen«* erklärte, nein, sogar vorlebte. Meine Mutsch wünscht sich, glaube ich, bis heute, dass dieses *»Ditschen«*

niemals erfunden worden wäre, denn wer steht schon auf Brocken im Kaffee? Aber der Reihe nach:

Wie altbacken das Wort »Kaffeesachse« tatsächlich ist, wird klar, wenn man versucht, etwas über den Ursprung des Begriffes herauszufinden. Eine logische Schlussfolgerung, wie wir zu diesem Namen gekommen sind, wäre natürlich, dass wir Sachsen deutschlandweit den meisten Kaffee konsumieren. Aber das Gegenteil ist der Fall. Kaffee-Spitzenreiter sind mit 3,7 Tassen täglich das Saarland und Niedersachsen. Die Berliner, Schwaben und wir Sachsen sind mit drei Tassen sogar auf den letzten Plätzen.

Aber weil eben schon die Gebrüder Grimm in ihrem »Deutschen Wörterbuch« vom »Kaffeesachsen« schrieben und auch Friedrich der Große angeblich dieses Wort benutzte, hängt es uns bis heute an. Angeblich verpassten wir Sachsen damals im Siebenjährigen Krieg sogar eine Schlacht, weil wir kaffeetrinkend die Zeit vergaßen. Und eben jener Friedrich der Zweite soll geschrien haben: »O, diese verfluchten Kaffeesachsen!«

Außerdem wird den Sachsen, vor allem den Kursachsen, eine wichtige Rolle in der Entwicklung der deutschen Kaffeekultur nachgesagt. Schon 1694 wird in Leipzig öffentlich Kaffee ausgeschenkt. Wenig später wurde die erste deutsche »Kaffeehaus-Ordnung« erlassen. In Dresden und Meißen kam es zur Erfindung und Produktion des ersten europäischen Porzellans. Selbst der Kaffeefilter wurde in Dresden durch Melitta Bentz erfunden. Durch all diese Fakten wird dann auch klar, dass wir uns den Namen »Kaffeesachsen« hart erarbeitet haben.

Fast genauso wichtig wie der Begriff »Kaffeesachse« sind die Bezeichnungen »Blümchenkaffee« und »Schwerterkaffee«. Wie trinken Sie denn das schwarze Gold am liebsten? Wenn Ihnen der Kaffee nicht stark genug sein kann, dann werden Sie beim Blümchenkaffee gewaltig die Nase rümpfen. Dieser ist nämlich so dünn aufgebrüht, dass Sie durch den Kaffee hindurch das Blümchenmuster auf dem Tassengrund sehen können. So sagt es zumindest der Volksmund.

Eine noch schlimmere Plörre ist eigentlich nur der »Schwerterkaffee«. Kennen Sie das Wappen vom berühmten »Meißener Porzellan«? Zwei gekreuzte Schwerter sind an der Unterseite der Tasse angebracht und sorgen dafür, dass Sie echtes Porzellan aus Meißen sofort erkennen. Wenn Ihr Kaffee also so dünn ist, dass Sie sogar dieses Logo an der Tassenunterseite sehen können, quasi durch das Porzellan hindurch, dann taugt die Plempe für die meisten wahrscheinlich gar nichts mehr. In manchen Regionen Sachsens werden auch Malz- oder Kinderkaffee (also koffeinfreier Kaffee) als Blümchenkaffee betitelt.

Nach so viel Theorie zurück zur Praxis: meinem Leben. Folgende zwei Szenarien gehen mir seit meiner Kindheit nicht mehr aus dem Kopf: Platz eins hat mein Vattke inne, wie er beim täglichen Kaffeetrinken, pünktlich 15:30 Uhr, jegliches Gebäck in seinen frisch aufgebrühten schwarzen Kaffee ditscht. »*Ditscht?*«, fragen Sie sich vielleicht, wenn

Sie nicht aus Sachsen sind. *»Ditschen«* ist vielen geläufiger, wenn man zum Beispiel an einen Gegenstand *»anditscht«*. Oder Sie denken an flache, runde Steine, die auf der Wasseroberfläche so oft es geht *»aufditschen«* sollen.

Das Internet sagt zum sächsischen Wort *»ditschen«* Folgendes: »Obersächsisch, für Gebäck, das in essbare Flüssigkeiten oder Getränke wie Soße, Kaffee, Milch und andere getunkt wird.«

Besser hätte ich es nicht beschreiben können. Aber für uns Sachsen ist das *»Ditschen«* nicht nur ein Begriff, es ist eine Religion.

Wenn ich als Kind beobachtete, wie mein Vattke seinen hellen Streuselkuchen vom Vortag in seinem Kaffee versenkte, kam das einer Zeremonie gleich. Zum Glück durfte ich damals noch keinen Kaffee trinken, sonst wäre ich dieser *»Ditscherei«* sicher auch irgendwann verfallen. Dass er für diese Leidenschaft gar nichts kann, zeigt meine zweite Erinnerung.

Das andere Szenario fand immer am Tisch meiner Großeltern (und damit seiner Eltern) statt. Ich kenne bis heute keine Menschen, die so viel Brot und Butter gegessen haben wie Oma Lore und Opa Kurtl. Die dicke Scheibe Brot, in Sachsen auch gern als *»Rungen«* bezeichnet, wanderte dann ebenfalls mitsamt der fetten Butterschicht in den Kaffee. Dieser war aber keinesfalls schwarz, sondern bestand eher aus 50 Prozent Kaffee und 50 Prozent Zucker, würde ich sagen. Können Sie sich vorstellen, wie lecker der letzte Schluck Kaffee schmecken muss, wenn dieser nicht nur halb kalt war, sondern auch sämtliche Brocken und Krümel von der Scheibe Butterbrot enthielt? Diese dickflüssige und bröckelige Mischung muss ja dann auch irgendwie aus der Tasse in ihren Mund rutschen. Oder Sie sind Profis wie meine Großeltern es waren und löffeln einfach den letzten Kaffeerest mit Kuchen und Brotresten aus der Tasse. Na, Mahlzeit!

Doch selbst das ist noch nicht der Gipfel der »Ditscherei«. Kennen Sie die Menschen, die Würfelzucker für ihren Kaffee brauchen, um diesen »reinzuditschen«, aber dann auf keinen Fall loszulassen? Der Würfel darf nicht ins Getränk, sondern wird mit Kaffee vollgesogen und dann gegessen. Ja, Sie haben richtig gelesen, er wird eventuell noch etwas »ausgezuutscht«, wandert dann aber direkt in den Mund. Die Königsdisziplin der »Kaffee-Ditscher«!

Dazu eine kurze Anekdote aus meinem Leben: Als ich noch in Zypern lebte, haben mich meine Eltern dort regelmäßig besucht. Bei einem dieser Treffen war zeitgleich auch eine Schulfreundin meiner Mutsch auf der Insel, nennen wir sie Andrea. Als Andrea nach ihrer Anreise feststellte, dass es weder im Hotel, noch in der Ferienwohnung oder an der Strandbar Würfelzucker für ihren zypriotischen Blümchenkaffee gab und auch sonst nirgendwo auf der gesamten Insel, war sie der Panik und damit der Abreise nah. Meine Eltern waren zu der Zeit noch in Deutschland und packten ihre Koffer. Als meine Mutsch also die SOS-Nachricht von Andrea aus Zypern bekam, konnte sie den Inhalt kaum fassen: »Die haben hier kei-

nen Würfelzucker, ich muss *ditschen,* bring welchen mit!«
Was soll ich sagen? Natürlich hat sich eine Packung Würfelzucker einen Tag später zusammen mit meinen Eltern
auf die Reise nach Limassol begeben. Es gibt einfach Sachen, die für uns Sachsen überlebensnotwenig sind.

Und wer solche Sachen macht, ist natürlich auch im *»So
ßenditschen«* ganz vorn mit dabei. Wenn der Sonntagsbraten auf dem Tisch stand, gab es immer eine fürstliche,
braune Soße dazu. Die wurde literweise auf den Teller geschüttet, um sie dann mit Brot wieder aufzusaugen. Entschuldigung, um sie *»aufzuditschen«* natürlich.

Ich habe keine Ahnung, wie ich es geschafft habe,
diesem *»Ditschphänomen«* trotz meiner 25 Jahre in Sachsen zu entgehen. Wahrscheinlich lag es aber daran, dass
sich meine Mutsch, die zwar Sächsin ist, aber in der Stadt
und damit womöglich etwas zivilisierter aufgewachsen
ist, dem *»Ditschen«* ebenfalls immer verweigert hat. Noch
heute macht sie sich lustig darüber, wenn mein Vattke,
der olle Bauer, seiner geliebten *»Ditscherei«* nachgeht.

Ab meinem 26. Lebensjahr hatte ich dann übrigens
die perfekte Ausrede, dem Eintunken nicht doch noch zu
verfallen: Ich lebe glutenfrei. *»Ditschen«* ohne Brot oder
Gebäck? Unvorstellbar. Oder soll ich doch mal die Sache
mit dem Würfelzucker probieren? Nee, bloß nicht! Noch
heute bin ich dankbar, dass mich meine Familie trotz
»Ditschverweigerung« und »Glutenablehnung« nicht vom
Hof gejagt hat. Danke für so viel Toleranz!

Liebenswertes Sachsen

Wahrscheinlich merken Sie schon nach den ersten Seiten dieses Buches, dass dies keine reine Informationslektüre über den Freistaat ist, sondern auch viele Geschichten aus meinem Leben enthält. Das soll so sein. Und trotzdem weiß ich, dass ein paar Fakten richtig Spaß machen können. Hier also ein kurzer Überblick über Sachsen und ein bisschen Wissen, was Sie vielleicht noch nicht hatten und nach der Lektüre ganz neunmalklug an ihre Freunde weitergeben können:

Das Bundesland Sachsen hat **über 800 Schlösser und Burgen**. Das bekannteste Schloss ist dabei sicher »Schloss Moritzburg«. Es wurde vor allem durch die DDR-Verfilmung »Drei Haselnüsse für Aschenbrödel« bekannt, war aber ebenfalls schon mehrfach für andere Märchenfilme Kulisse.

Denken Sie an Sachsen, wenn Sie das nächste Mal einen Spaziergang machen, denn erfunden hat das **Spazierengehen** ein Sachse. Am 6. Dezember 1801 brach Johann Gottfried Seume in Grimma auf und kehrte erst neun Monate später zurück. Natürlich sind auch schon Menschen vor ihm gelaufen oder gewandert, aber eben nicht »spaziert«. Abgeleitet aus dem Italienischen, benutzte Seume diesen Begriff erstmals, als er sein Reiseerlebnis in »Die Reise nach Syrakus« niederschrieb.

Sachsen ist ein »**Autoland**«. Etwa jeder achte PKW in Deutschland kommt aus Sachsen. Über 95.000 Beschäftigte arbeiten im Freistaat in der Autoindustrie. Möglich wird dies durch fünf Fahrzeug- und Motorenwerke. Wir haben Volkswagen, BMW und Porsche, dazu 780 Zulieferer. Bis 2025 will Sachsen dann auch bei der Fertigung von **vollelektrischen Fahrzeugen** ganz vorn mitmischen. Dann soll jedes vierte E-Auto im Freistaat hergestellt werden.

17,9 Millionen Übernachtungen verzeichnete Sachsen 2022. Vor der Pandemie gelang dem Bundesland sogar ein **Tourismusrekord** von über 20 Millionen Übernachtungen. Nie zuvor wollten so vielen Menschen den Freistaat bereisen. Statt der Städte werden die ländlichen Regionen dabei immer beliebter. Das Erzgebirge, die Oberlausitz und das Burgen- und Heideland in der Region Leipzig legen kontinuierlich zu und ziehen mehr und mehr Touristen an.

Die Frauen in Sachsen sind **Spitzenreiter bei der Beschäftigungsquote**. Mit einer Quote von 66,5 Prozent liegen die sächsischen Damen über dem Bundesdurchschnitt von 59 Prozent. Frauen in Führungspositionen sind dagegen deutlich unterrepräsentiert. Der Frauenanteil in privatwirtschaftlichen Betrieben liegt mit 32 Prozent zwar ebenfalls über dem Bundesdurchschnitt und ist dennoch im Vergleich zum Beschäftigungsanteil unverhältnismäßig, denn Frauen machen einen Anteil von 43 Prozent aller Beschäftigten in Sachsen aus.

Durch Sachsen fließt der **schnellste Fluss Europas**: die Mulde. Der Nebenfluss der Elbe entsteht bei Sermuth in der Nähe von Grimma aus dem Zusammenfluss der Zwickauer und Freiberger Mulde. Die außergewöhnlich hohe Fließgeschwindigkeit wird vor allem durch die starken Gefälle von 600 bis 900 Metern erreicht.

Und sogar **der Schneemann ist Sachse**! Im Jahr 1770 tauchte der Begriff »Schneemann« erstmals in einem Leipziger Kinderbuch auf. Der Schriftsteller und Pädagoge Christian Felix Weiße aus Annaberg-Buchholz hatte es damals veröffentlicht und somit den Schneemann, wie wir ihn noch heute nennen, etabliert.

Wo wir gerade bei Schnee und Winter sind. Es gibt eine Sache, die die Sachsen in der Winterzeit ganz besonders lieben und zelebrieren: Weihnachten! Wie ausufernd dieses Jahreshighlight gefeiert wird, lesen Sie jetzt.

Magische Weihnachten

Es gibt eine Sache, die für viele Menschen eine große Bedeutung hat, aber in bestimmten Regionen Sachsens noch einmal eine ganz andere Aufmerksamkeit genießt: Ich spreche vom Weihnachtsfest. Bevor ich näher vom »Weihnachtswunder Erzgebirge« berichte, möchte ich erzählen, warum das Weihnachtsfest auch für mich in meiner Kindheit einen ganz besonderen Stellenwert hatte. Ehrlich gesagt, weiß ich nicht mal, wo ich da beginnen soll. Bei der klaffenden Wunde meines Vaters, den ständigen Stromausfällen oder doch bei den Motorradtrips mit meiner Mutsch?

Als ich klein war, begann der 24. Dezember immer gleich. Nach dem Aufstehen haben meine Schwester und ich vergeblich versucht, ins Wohnzimmer zu kommen. Alle Türen waren abgeschlossen und die Fenster durch blickdichte Gardinen abgehangen. Es gab keine Chance, einen Blick ins Innere des Raumes zu erhaschen.

Das Schlüsselloch wäre natürlich eine Möglichkeit gewesen, aber ganz sicher nicht, wenn aus dem Inneren des verschlossenen Raumes Klopfgeräusche kommen. Irgendetwas Großes ging in unserem Wohnzimmer vor! Allerdings würden wir vor der Bescherung am späten Nachmittag nicht erfahren, was es war. Sie können sich vielleicht vorstellen, wie so im Laufe des Tages Aufregung, Spannung, aber vor allem die Ungeduld stiegen.

Auch das weihnachtliche Mittagessen war jedes Jahr das gleiche Gericht: Nudeln mit Jagdwurstsoße und geriebenem Käse. Dem folgte der Mittagsschlaf für alle und danach ging es ab in die Badewanne. Schick und sauber trafen sich schließlich alle in der Küche, bereit für den großen Moment der Bescherung. Eigentlich. Ich werde nie jenen Heiligen Abend vergessen, an dem mein Vater dachte, dass es eine gute Idee wäre, seine neuen Socken mit einem großen Messer aufzuschneiden. Klingt nach einem dummen Einfall? War es auch!

Meine Schwester und ich standen also »gestrieschlt« und »gebieschlt« (Hochdeutsch: gestriegelt und gebügelt) vor der nun hoffentlich aufgeschlossenen Wohnzimmertür. Bescherung gab es nur frisch gestylt und in den schicksten Klamotten. Also einmal im Jahr legte auch ich die Jogginghose zu Seite, und einmal im Jahr hatte ich sogar Spaß dabei. Uns trennten also nur noch ein paar Minuten von der Bescherung, aber die Vorfreude wurde durch ein lautes »Mist!« gestört: Mein Vater wollte sich offensichtlich in diesem Jahr besonders herausputzen und entschied sich sogar für niegelnagelneue Socken. Beim Öffnen der Socken hatte er sich allerdings so tief mit dem Messer in die Hand geschnitten, dass er nun das komplette Zimmer vollblutete. Darf ich ehrlich sprechen? Unser Mitleid hielt sich in Grenzen. Warum? Jeder weitere Tropfen Blut entfernte uns weiter von den Geschenken. Sie finden das klingt grausam? Ja, so sind Kinder eben. Nachdem die Hand verbunden und die Sauerei beseitigt war, ging es auch an diesem Heiligen Abend endlich zur Bescherung. Vergessen werde ich dieses Weihnachtsfest aber sicher nie.

Eine deutlich schönere Erinnerung an Weihnachten ist dagegen, wie meine Mutsch jedes Jahr in der Adventszeit die großen, schweren und alten Kartons mit der Weihnachtsdekoration vom Dachboden ins Wohnzimmer brachte. Das war für mich immer ein magischer Moment. Der leuchtende Schwibbogen im Fenster und dazu ein Räuchermann auf dem Tisch zu den Klängen der Weihnachtsalben von Patrick Lindner und der Kelly Family. Oh Gott, ich kann nicht glauben, dass ich das gerade schreibe. Mein Ruf als Deutschrockgirl dürfte damit ruiniert sein, und aus Sachsen kommen weder der Bayer Patrick Lindner, noch die irische Kelly Family. Wirklich sächsisch war also nur die Weihnachtsdeko meiner Eltern. Sie ahnen nicht, wie viele Rekorde Sachsen zum Thema Weihnachtsfest aufstellt:

Der **größte Weihnachtsstollen der Welt** wurde in Dresden gebacken. Das kettenartig angeordnete traditionelle Adventsbackwerk kam auf eine Länge von 1022 Metern und war damit über einen Kilometer lang. Gebacken wurde der XXL-Striezel, wie man den Stollen auch nennt, für den guten Zweck. Laut Rekord-Institut Deutschland brachte der Riese rund fünf Tonnen auf die Waage.

Kennen Sie den **»Grünhainichener Engel«**? 1923 entwarf Grete Wendt die ersten drei Weihnachtsengel aus Holz. Damals hatten die Engel eine Fackel, eine Geige oder eine Flöte bei sich. Mittlerweile gibt es deutlich mehr Auswahl. Und trotzdem werden die filigranen Engel nach wie vor in Handarbeit gefertigt. Mit ihren elf weißen Punkten auf den grünen Flügeln sind sie zum weltweiten Weihnachtsbotschafter aus Sachsen geworden. Sogar das japanische Kaiserpaar besitzt ein Weihnachtsengel-Orchester. Mehr zu den Engeln erfahren Sie im Kapitel *»Produkte aus Sachsen weltweit«* ab Seite 134.

In Crottendorf gibt es ein Räucherkerzenland, ein Räuchermuseum und die **größte Räucherkerze der Welt**. Der dampfende Kolloss ist 15 Meter hoch und hat einen Durchmesser von neun Metern. Durch die beleuchtete

Spitze wird das Glühen einer Räucherkerze simuliert und mithilfe einer Nebelmaschine entsteht die Illusion, dass die Kerze auch wirklich raucht.

Der **erste Schwibbogen der Welt** kommt aus Johanngeorgenstadt. Vor fast 300 Jahren wurde der älteste erhaltene Schwibbogen vom Bergschmied Johann Teller geschmiedet. Der größte Lichterbogen, wie Schwibbögen auch genannt werden, steht übrigens in Gelenau. Er ist 36,9 Meter breit und 19,98 Meter hoch und enthält 34 überdimensionierte elektrisch betriebene Kerzen.

Je näher wir dem Erzgebirge kommen, jagt also in Sachen Weihnachten ein Rekord den nächsten. Den Rekord der meisten Weihnachtsstorys hält allerdings meine Familie. Hier nun ein kleiner Einblick, warum mir die Weihnachtszeit auch heute noch so viel bedeutet.

Bei uns war es Brauch, dass der Weihnachtsmann höchstpersönlich zum Fest erscheint und die eine oder andere Standpauke hält. Keine Ahnung wie, aber der alte, bärtige Mann wusste immer alles über meine Streiche und Fehltritte. Eine unausgesprochene Theorie, warum der weißbärtige Mann immer alles über uns Kinder und unsere Wünsche wusste, gibt es aber schon. Wissen Sie, wer irgendwie jedes Jahr den Besuch des Weihnachtsmanns verpasste? Richtig, mein Vater.

Als wäre das nicht schon verdächtig genug, hatte er auch jedes Jahr die gleiche Ausrede für seine kurzzeitige Abwesenheit. Immer am 24. Dezember gegen 16 Uhr fiel offensichtlich bei unserem Nachbarn der Strom aus. Mein

Vater, gelernter Elektriker und natürlich auch gern Retter in der Not, eilte dann pflichtbewusst zum Nachbarn und verpasste so den Besuch des Weihnachtsmanns. Immer! Schon mysteriös, oder?

Eine andere Erinnerung, welche ich direkt mit Weihnachten und meiner Jugend in Sachsen verbinde, sind die Motorrad-Touren um die Adventszeit mit meiner Mutsch. Seit ich denken kann, habe ich eine Schwäche für Weihnachtsdeko und vor allem – Sie ahnen es vielleicht – Schwibbögen. Die Motorrad-Tour im Dezember war also immer ein Ausflug durch unsere Städte und Nachbarortschaften, um die Deko in den Fenstern und vor den Häusern zu bestaunen. Damals war mir noch gar nicht bewusst, dass meine *»Schwibbogenliebe«* deshalb so krass ausgeprägt sein könnte, weil ich ganz in der Nähe der Weihnachtshochburg schlechthin wohnte, nämlich im Erzgebirge.

Eigentlich ist es unmöglich, all meine Erinnerungen an Weihnachten in Sachsen und mit meiner Familie aufzuzählen. Wenn ich mich zurückerinnere, flackern so viele kleine Dinge in meinem Kopf auf. Wir schlugen den Weihnachtsbaum im Wald selbst, ich war als Wichtel die rechte Hand meines Vaters, wenn er im Kindergarten seinen Weihnachtsmann-Auftritt hatte. Das ständige Klopfen in der Werkstatt zur Adventszeit und die Momente voller Aufregung, wenn ich in der Kirche für das Krippenspiel als Maria oder Schaf auf der Bühne stand. Dank meiner Eltern war Weihnachten für mich immer die beste Zeit des Jahres und wird es auch immer sein.

MEINE
JUGEND

Sachsen ist hollywoodreif

Wie bereits am Anfang bei den Erzählungen aus meiner Kindheit erwähnt, war ich nie das klassische »Prinzessinnen-Boygroup-Mädchen«. Ich war ein Dorfkind. Ich war weder an den angesagtesten Klamotten, noch den neusten Schminktipps oder tollen Flechtfrisuren interessiert. Aber ich hatte eine Schwäche für Hollywood. Aus irgendeinem unerfindlichen Grund war ich mir sicher, dass sie auf dem roten Teppich bei der Oscar-Verleihung ausgerechnet auf mich warteten. »Das burschikose Dorfmädchen aus Sachsen erobert die Welt!«, lauteten die Schlagzeilen in meinem Kopf – oder so ähnlich. Immer wenn ich gefragt wurde, wo ich mich in meiner Zukunft sehe, war meine Standardantwort: »Amerika, Hollywood.«. Näher nachgefragt hat dann irgendwie keiner mehr. Große Träume gehören doch ins Land der unbegrenzten Möglichkeiten. »Was haben die denn alle?«, dachte ich.

Dass ich dann tatsächlich doch ein bisschen Film- und Theaterluft schnuppern würde, konnte ich damals noch nicht wissen. Aber dazu mehr ab Seite 84 im Kapitel *»Die slawischen Wangenknochen«*.

Zurück zu meinen Hollywoodplänen. So absurd die Story und mein Kindheitstraum auch klingen mögen und zugegebener Maßen auch waren, Sachsen, Hollywood und den amerikanische Traum verbindet mehr, als Sie sich vorstellen können. Lehnen Sie sich also zurück und lassen Sie sich folgende Fakten auf der Zunge zergehen:

Aus Görlitz wird **»Görliwood«**. Ehrlicherweise muss man sagen, dass sich die Stadt an der Neiße diesen äußerst kreativen Namen selbst gegeben hat. Denn immer häufiger kommt es vor, dass Görlitz zum Drehort für große Filmproduktionen wird. Woher die kommen? Na, Sie kommen selbst drauf: genau, Hollywood! Durch die unterschiedlichsten Bauwerke verschiedener Zeitepochen verkörpert die sächsische Stadt eben mal so Metropolen wie New York, Frankfurt oder Paris. Sie denken, ich übertreibe? Nicht im Geringsten!

Stars wie Kate Winslet, Owen Wilson und Jeff Goldblum waren schon hier. Bekannter sind wohl nur die entstanden Filme »In 80 Tagen um die Welt«, »The Grand Budapest Hotel«, wohlbemerkt oscarprämiert, und auch »Inglourious Basterds«. Damit habe ich noch längst nicht alle Filme aufgezählt. Endgültig vor Selbstbewusstsein strotzte Görlitz – oh, ich meine »Görliwood« – natürlich nach der Aussage des Schauspielers Ralph Fiennes, bekannt aus »The King's Man« und »Harry Potter«. Nach einem seiner Drehs in der Oberlausitz sagte er: »Danke Görlitz! Ihr seid einfach der coolste Drehort.«

»Geht runter wie Öl«, sagen die Görlitzer.

Weiter geht's mit einem Hauch Hollywood in Dresden: **Terrence Hill**, der italienische Schauspieler, der zusammen mit Bud Spencer in Filmen wie »Vier Fäuste für ein Halleluja« und »Sie nannten ihn Mücke« mit reichlich Schlagkraft für Unterhaltung sorgte, sagt über sich selbst: »Ich bin Sachse.«

Die Mutter des 1939 geborenen Schauspielers, der eigentlich den Namen Mario Girotti trägt, stammte nämlich aus Lommatzsch, dem Herzen Sachsens. Sie studierte im nahen Dresden. Dort verbrachte Hill einen Teil seiner Kindheit, bis die Familie 1945 nach Italien flüchtete. Er spricht noch heute fließend Deutsch und hat 2022 die deutsche Staatsbürgerschaft angenommen. »Meine wundervolle Mutter und damit auch meine Muttersprache waren immer prägend für mich. Ich bin glücklich, dass ich nun diesen Ausweis habe. Es ist auch ein Bekenntnis zu meinen Wurzeln«, sagte Terrence Hill damals.

Regelmäßig kommt er noch heute für Filmpremieren nach Dresden, hat sogar eine eigene Eisdiele, den »Terence Hill Eis Saloon« in der Landeshauptstadt eröffnet.

Die Oscarpreisträgerin **Cate Blanchett** werden die meisten aus Filmen wie »Elizabeth«, »Der talentierte Mr. Ripley«, »Der Herr der Ringe: Die Gefährten« oder »Aviator« an der Seite von Leonardo DiCaprio kennen. Was Sie aber wahrscheinlich nicht wissen: Die australische Schauspielerin hat für ihren Film »Tár« die Dresdner Philharmonie dirigiert. Das Orchester war nicht etwa mit Schauspielern besetzt, sondern mit den echten Musikern des Kulturpalastes.

Der Konzertmeister der Philharmonie, Wolfgang Hentrich, beschreibt die Dreharbeiten so: »Künstlerisch war es durchaus sehr herausfordernd, weil die Schauspielerin dramatische, stark emotionale Bewegungen machte, die im Kino funktionieren, die wir aber sonst von Dirigenten nicht kennen. Deshalb haben wir anfangs viel zu laut ge-spielt und waren lange nicht als Orchester zusammen.« Einige der Schauspieler des Films besuchten vor dem Dreh einen Crashkurs, so zum Beispiel die deutsche Dar-stellerin Nina Hoss, die eine Geigenspielerin verkörpert: »Wie man den Bogen hält, daran lässt sich erkennen, ob jemand tatsächlich spielt. Als Konzertmeisterin im Film habe ich ja den Rhythmus vorzugeben, musste als Kons-tante alles zusammenhalten, wenn der Dirigent mal den Rhythmus verliert, was oft genug vorkommt. Da musste einfach alles stimmen, aus allen Perspektiven der vier Ka-meras.« Nach zehn Drehtagen war alles im Kasten. Einzi-ger Wermutstropfen: Im Film selbst sieht man nichts von Dresden, die meisten Szenen spielen in Berlin, New York und Bangkok.

Auch zu Schauspieler **Keanu Reeves** können wir Sach-sen eine Brücke schlagen, oder zumindest zum neusten seiner Matrix-Filme. Im Trailer zum Blockbuster »Matrix Resurrections« ist nämlich deutlich die frisch sanierte Rakotzbrücke im obersorbischen Kromlauch (Gablenz) zu sehen und damit eines der berühmtesten Wahrzei-chen der Lausitz. Die Sanierung der Brücke kostete mehr als vier Millionen Euro und lässt das beliebte Fotomotiv nach jahrelangen Rekonstruktions- und Restaurierungs-arbeiten endlich wieder in neuem Glanz erstrahlen. Die Investition und Sanierungsarbeiten haben sich aber of-fensichtlich gelohnt, und die Aufnahme der Rakotzbrücke im Trailer könnte nicht beeindruckender sein.

Und auch das Erzgebirge hat sich hohes Ansehen in Amerika erarbeitet: US-Superstar **Kylie Jenner**, die jüngste Schwester von Kim Kardashian, brachte 2021 das Erzgebirge kurz zum Beben und in den Fokus von Millionen Menschen in Amerika. Für die Weihnachtsdeko in ihrer Luxus-Villa in Beverly Hills entschied sie sich für eine dreistöckige Weihnachtspyramide aus Holz. Das war aber nicht irgendeine Pyramide, sondern ein handgefertigtes Stück von der Firma »Kleinkunst aus dem Erzgebirge Müller« aus dem Spielzeugdorf Seiffen. Ihre 284 Millionen Follower waren entzückt und die auf 150 Stück pro Jahr limitierte Pyramide (Preis 899 Euro) sofort ausverkauft. Natürlich brachte diese kostenlose Werbung für die unvergleichliche Erzgebirger Holzkunst auch anderen Händlern einen Aufschwung und ließ die Kassen klingeln. Danke nach Amerika und vor allem an Kylie Jenner und ihre Familie: Ihr habt wirklich Geschmack bewiesen!

So viel Glamour gibt es also in Sachsen, aber natürlich interessiert euch vor allem, was aus meinem Oscar und den Hollywoodplänen geworden ist: Ich habe meinen Academy Award auch noch bekommen und zwar deutlich früher als gedacht. Zum 18. Geburtstag hat mir mein Onkel den Oscar als »Diva des Jahres« überreicht. Die Preisverleihung war allerdings nicht in Los Angeles, sondern im Gasthof meiner Eltern in Langenreinsdorf: eine kleine Plastikstatue, die der echten Auszeichnung zum Verwechseln ähnlich sah. »Diva des Jahres« also. Ich denke bis heute darüber nach, was er mir damit sagen wollte. Fakt ist, auf so eine Auszeichnung müssen wir anstoßen und womit könnten wir das besser, als mit beliebten sächsischen Weinen?

Prost

Sachsen ist bekannt für seine ausgezeichneten und prämierten Weine. Woher ich das weiß? Aus dem Internet natürlich, obwohl ich schon seit meiner frühsten Jugend immer wieder mit eben diesen edlen Tropfen in Berührung gekommen bin. Nein, ich habe sie natürlich nicht selbst getrunken, aber die ein oder andere Weinsorte ist mir dennoch in Fleisch und Blut übergegangen. Seit meinem siebten Lebensjahr bin ich nämlich ein »Kneipenkind«.

Hier wähle ich bewusst das kleine Wörtchen »bin«, denn ich glaube, dass man das nie ablegt. Das ist ein bisschen so wie mit meiner Herkunft: Einmal Sachse, immer Sachse.

Der »Weiße Schwan« in meinem Heimatdorf Langenreinsdorf gehörte viele Jahre meinen Eltern. Von unserem Wohnhaus einmal die Gasse nach unten zur Straße laufen, diese überqueren, und schon stand man vor diesem großen Gebäude mit Festsaal. 19 Jahre haben wir dort als Familie zusammengearbeitet, geschwitzt, gefeiert, gelacht und uns Abwaschtücher um die Ohren gepfiffen, wenn es mal nicht so lief.

Das Restaurant ist zwar nun schon viele Jahre geschlossen, die Eindrücke, Lehren und verrückten Storys dieser Zeit bleiben jedoch für immer. Haupterkenntnis aus dieser Zeit: Wenn du als junges Mädchen gelernt hast, besoffene Typen am Männertag – auch bekannt als Christi Himmelfahrt – zu händeln, dann kannst du in deinem Leben alles schaffen und überstehen.

Natürlich war es Gang und Gäbe, dass ich als Teenie bis hin zu meiner Studentenzeit bei meinen Eltern in der Dorfkneipe ausgeholfen habe. Ich war also ständig in Berührung mit Müller-Thurgau, Riesling, Spätburgunder und Dornfelder. Dass die Weinregion Sachsen allerdings die kleinste in Deutschland ist, habe ich erst bei den Recherchen zu diesem Buch herausgefunden. Sowas erzählt man sich nicht am Stammtisch beim Skat.

Wenn ich mich richtig erinnere, wurde bei den Skatabenden der alten Herren des Dorfes generell wenig gesprochen. Natürlich wurden nach jeder neuen Runde die Fehler der Mitspieler genauestens analysiert und für die Bestellungen von Essen und Getränken haben die Herrschaften auch mal ihren Mund aufbekommen, aber mehr Kommunikation gab es da nicht. Dass es sich bei den Getränken eher um Bier und Schnaps handelte, muss ich wahrscheinlich nicht erwähnen.

Das Bier kam natürlich auch aus Sachsen, beim Schnaps wurde auch gern mal zum guten alten »Wismutfusel« gegriffen. Der Trinkbrandwein für Bergarbeiter, der nicht selten zur totalen Erblindung führt (stimmt nicht wirklich, schmeckt aber so!). Aber Wein? Nein, der war im »Weißen Schwan« nie der Renner. Dafür hat es schon Feste wie Weihnachten oder Großveranstaltungen wie das Jahresfest der Jagdgenossenschaft gebraucht.

Wissen Sie, wie eine »Weinvorkostung« (nicht zu verwechseln mit der Weinverkostung) in schicken Restaurants abläuft? Der Sommelier oder Kellner kommt an den Tisch und gemeinsam wird zum Essen ein passender Wein ausgesucht. Wenn die vermeintlich richtige Sorte gefunden ist, bringt der Sommelier diese, schenkt Ihnen einen kleinen Schluck in ihr Weinglas und lässt Sie probieren. Wenn Sie zufrieden sind, wird ihr Glas aufgefüllt, wenn nicht, eine andere Sorte ausprobiert. Soviel sei verraten: So lief es bei uns in der Kneipe nicht. Sicher sind Sie auch nicht überrascht, wenn ich sage, dass es keinen Sommelier gab. Wofür auch? Es gab Weißwein lieblich, halbtrocken, trocken oder Rotwein lieblich, halbtrocken und trocken. Eine Sorte Wein für jede Geschmacksrichtung. Fertig. Hätte ich damals schon gewusst, welch große Rolle Sachsen auf der deutschen Weinkarte spielt, hätte ich vielleicht etwas genauer hingeschaut. Aber genau das können wir ja jetzt einfach zusammen nachholen.

Sächsische Weißweine zählen als Rarität in der deutschen Weinlandschaft und sind aufgrund der fruchtigen Säure schnell vergriffen. Nur ein Prozent der Weinproduktion in Deutschland stammt aus Sachsen. Der Freistaat wird für seine Weine und Sommeliers seit Jahren mit Auszeichnungen überhäuft. Der Sommelier des Jahres 2021, Silvio Nitzsche, kommt aus Dresden und wurde vom renommierten Wein-Magazin »Falstaff« gekürt. Er ist der Besitzer der »WeinKulturBar« in der Landeshauptstadt, und seine Weinkarte weist über 1.000 Weine auf, die er alle in- und auswendig kennt. In Dresden befindet sich übrigens auch die »Weinzentrale«. Diese Weinbar wurde zur zweitbesten in ganz Deutschland ernannt (Kategorie: Städte bis 600.000 Einwohner).

Natürlich darf bei diesen Aufzählungen und Lobeshymnen auch das Schloss Wackerbarth nicht fehlen. Das Radebeuler Staatsweingut zählt für das renommierte Wein-Magazin »Vinum« zu den einzigartigsten Weingütern der Welt. Wackerbarth ist außerdem das erste Erlebnisweingut Europas. Dort werden also nicht nur Wein, Sekt und Glühwein der Marke hergestellt und abgefüllt, sondern jedes Jahr kommen knapp 200.000 Gäste, um den Winzern und Kellermeistern bei der Arbeit zuzuschauen.

Den »Wein-Oscar« konnten sich übrigens auch schon zwei Rieslinge und Sekte aus der Wackerbarthfamilie sichern und sich so einer Konkurrenz von 11.200 Weinen und Sekten aus 41 Ländern erfolgreich stellen. Da haben wir es also wieder, das hollywoodreife Sachsen.

Sie haben sich jetzt durch diesen »Weintext« gekämpft und mögen nicht mal Wein? Dann habe ich eine weitere gute Nachricht: Deutschlands größte Whisky-Manufaktur steht auch in Sachsen, ebenfalls in Dresden. Auf 1.200 Quadratmetern können dort pro Jahr eine Million Liter Whisky gebrannt werden. Allerdings wird in der Destille nicht nur Whisky gebrannt und verkauft, vielmehr handelt es sich um eine ganze Erlebniswelt für Erwachsene. Es gibt Verkostungen, Show-Kochen und Führungen vom Chef Frank Leichsenring höchstpersönlich. Und natürlich wird dort auch ein eigener, sächsischer Whisky gebraut, der »Hellinger 42«.

Mich selbst konnte man damals zu Kneipenzeiten übrigens weder mit Wein noch mit Whisky begeistern. Im Jugendclub gab es Pfefferminz-Likör (kurz »Pfeffi«) und Saure-Kirsche-Likör – übrigens beide aus Thüringen. Ehrlicherweise schmecken diese beiden Erzeugnisse genauso wie sie klingen und haben mir körperlich eher selten gutgetan. Der Jugendclub war direkt gegenüber der Gaststätte meiner Eltern. Immer nach dem Arbeiten konnte ich mich also ohne Probleme selbst dem Feiern widmen.

Wie vorhin bereits beschrieben, war der Heimweg äußerst kurz und damit auch mit einem leichten Alkoholpegel gut zu meistern. Anders sah das mit meinem Zimmerfenster aus, das immer mein Noteinstieg war, wenn ich nicht wollte, dass meine Eltern von meinen nächtlichen Verkostungen mit meinen Freunden erfuhren. Klar lag mein Zimmer ebenerdig.

Aber haben Sie schon einmal versucht, betrunken von außen in ein Fenster zu klettern? Vorsorglich lag da schon immer ein großer Stein, genau vor meinem Zimmerfenster, und natürlich war ich clever genug, dieses Fenster nie ganz zu schließen, wenn ein solcher Abend bevorstand. Aber das nach oben Ziehen mit »Pfeffi« im Kopf war trotzdem jedes Mal ein Riesenakt. Und wenn ich dann oben war, musste ich irgendwie auf der anderen Seite auch wieder herunter. Beim Versuch, mich zu drehen, bin ich in den meisten Fällen schon direkt kopfüber in mein Kinderzimmer gestürzt. Aber: Ich wäre keine Sächsin, wenn ich mir nicht zu helfen gewusst und Unfällen vorgebeugt hätte. An der Aufprallstelle stand nach der ersten größeren Beule nämlich immer ein Sitzsack. Dieser bremste meinen freien Fall ab und diente häufig auch sofort als Bettersatz, wenn mich die süßen Liköre wieder einmal vorzeitig ins Land der Träume befördert hatten.

Mittlerweile trinke ich übrigens auch Wein und klettere nur noch sehr selten besoffen in irgendwelche Fenster. Völlig ausschließen kann ich das aber natürlich nie.

Wussten Sie, dass man den sächsischen Dialekt als Auswärtiger besonders gut imitieren kann, wenn man betrunken ist? Nur dann gelingt die lockere Kieferhaltung. Dann ist aber noch lang nicht klar welcher sächsische Dialekt da eigentlich gerade gesprochen wird. Lesen Sie also jetzt, wie vielfältig unser geliebtes Sächsisch ist.

Es gibt kein Sächsisch

Was den sächsischen Dialekt besonders interessant macht, ist die Tatsache, dass er in mehrere Unterdialekte unterteilt wird. Es gibt in Sachsen verschiedene Sprachräume, und es gibt Sprachwissenschaftler, die behaupten, dass der sächsische Dialekt gar keiner mehr ist, sondern es nur noch die sächsische Mundart gibt. Aber der Reihe nach:

Alle Sächsisch-Fans müssen sich jetzt ganz warm anziehen. Sprachwissenschaftlich betrachtet gibt es die Sprache Sächsisch nicht. Und noch schlimmer: Eigentlich sind die Sachsen gar keine Sachsen. Jetzt wird es etwas historisch, aber auf der Internetseite des Freistaates Sachsen wird ganz gut erklärt, was man als Sachse über seine eigene Herkunft wissen sollte. Soviel vorweg, das Vokabular unserer Mundart setzt sich laut Sprachwissenschaft aus dem Slawischen, Jiddischen, Englischen und Französischen zusammen. Und natürlich sind wir durch historische Ereignisse beeinflusst.

Ab dem 11. Jahrhundert kamen die Bewohner der wettinischen Markgrafschaft Meißen als Siedler aus Franken, Hessen, Bayern und vor allem Thüringen in die ursprünglich slawischen Gebiete um Dresden, Chemnitz und Leipzig. Auch deshalb haben die meisten Menschen, wenn von Sächsisch die Rede ist, den Dialekt dieser drei Regionen im Ohr. Faktisch wird der Dialekt dort aber schon lang nicht mehr gesprochen. Diese Tatsache findet ihren

Ursprung wiederum im Siebenjährigen Krieg und der darauf folgenden Niederlage Sachsens. Durch den Aufstieg Preußens setzte sich ein Schriftdeutsch durch, das sich eher am norddeutschen Vorbild orientierte. Wollten die Sachsen also weiter erfolgreich sein, mussten sie sich anpassen, und durch den Zustrom von Arbeitskräften aus anderen Regionen verschwand der ursprüngliche Dialekt noch mehr.

Der nun folgenden Satz geht raus an alle Menschen, die so stumpfsinnige Sachen sagen wie: »Sächsisch ist der schlimmste Dialekt.« Achtung: Laut der Sprachwissenschaftler sprechen die Sachsen heute Hochdeutsch, welches regional eingefärbt ist. Und soll ich Ihnen noch etwas verraten? Sächsisch ist der Dialekt, der dem Standarddeutschen am nächsten ist. Abweichungen gibt es nur in wenigen Fällen. Die meisten Unterschiede finden nur in der Betonung statt, was ein Grund dafür sein könnte, warum einige Leute den sächsischen Dialekt als unangenehm empfinden. Er scheint Hochdeutsch zu sein, wird aber anders betont. Da streiken die meisten Ohren.

Wöllte man die sächsische Sprache bis ins Detail analysieren, dann wäre dieses Buch hier der absolut falsche Rahmen. Damit könnte man nämlich mindestens zwei weitere Bücher füllen. Hier eine kurze Zusammenfassung:

Man unterteilt unseren Dialekt in fünf verschiedene Sprachräume: Obersächsisch (in der Region um Meißen), Osterländisch (um Leipzig), Vogtländisch, Erzgebirgisch und Lausitzisch. Wenn Sie allerdings wissen, wie in Dresden, Leipzig, Chemnitz und beispielsweise Zwickau gesächselt wird, dann wissen Sie auch, dass die Unterschiede groß sind und diese fünf Regionen nicht alles sein können. Auf der einen Seite verschwimmen die Grenzen des Dialektes in Sachsen, auf der anderen scheint irgendwie jede Stadt und jedes Dorf wieder eigene Regeln zu haben. Deshalb soll an dieser Stelle auch Schluss mit der Analyse sein. Aber eine Sache steht fest: Es gibt nicht das eine Sächsisch, denn unser Dialekt ist sehr vielfältig.

Aber was genau macht die sächsische Aussprache so speziell? Natürlich gibt es auch dazu unzählige Analysen, aber ich finde, niemand bringt den Kern unseres sächsischen Dialektes so gut auf den Punkt wie Kabarettist, Autor und sächsisches Urgestein Gunter Böhnke in seinem Buch: »50 einfache Dinge, die Sie über Sachsen wissen sollten.« Die oberste sächsische Konsonantenregel lautet: *»De Weeschn besieschn de Hardn!«* (Übersetzt: Die Weichen besiegen die Harten.).

Böhnke bringt es in seinem Buch so auf den Punkt: »Die Anzahl der Konsonanten verringert sich auf 14: ›P‹ und ›T‹ entfallen sowieso. Und ›X‹, ›C‹, ›Q‹ brauchen wir auch nicht!« All das unterschreibe ich genauso. Aus »P« wird also »B«, aus »K« ein »G« und »T« wird als »D« ausgesprochen, alles *»scheen weesch«*. Dazu kommt dann noch, dass wir offensichtlich auch mit den Vokalen a, e, i, o und u auf Kriegsfuß stehen. Die lassen wir einfach weg: *»dr Mann«*, *»s Essn«, «de Frau«,* Sparflammen-Deutsch sozusagen.

Auch bei den unbestimmten Artikeln versuchen wir wegzulassen, was eben geht: *»ä Boom«*, *»ä Kind«* oder *»änne Blume«*. Um dann aber auch in der Aussprache zu glänzen, hat Böhnke folgenden Tipp: »Einfach den Unterkiefer vorschieben und de *Schbraache raussschdreem lassn!*« Für alle nicht sächsischen Leser: »Lassen Sie es fließen.« Auf »äs« und »üs« haben die Sachsen übrigens auch keine Lust. Aus »schön« wird einfach *»scheen«*, aus »Glück« wird *»Glick«*. Warum? Fragen Sie bitte nicht mich.

Ab Seite 96 im Kapitel *»Sächsisch ist Bummelletzter«* berichte ich ausführlich darüber, wie ich mir jahrelang mein Sächsisch abtrainieren wollte. Eine Sache habe ich dennoch bis heute kaum ablegen können: Aus dem weichen »ch« macht der Sachse am liebsten ein »sch«. Wörter wie »Geschichte« bekomme ich bis heute ohne volle Konzentration nicht hin. Es wird immer wieder eine *»Geschischte«* bei mir, es ist einfach im Blut.

Um den Bogen nicht zu überspannen, werde ich nur noch ein typisches Beispiel für die sächsische Sprache nennen, welches nicht weniger wichtig als die anderen ist: Auch grammatikalisch haben wir unsere ganz eigenen Regeln. Wir sagen nicht »Das sind Mias Schuhe.« Wir sagen: *»Das sind dor Mia ihre Schuhe.«* Uhh, mir als Liebhaber der deutschen Sprache huscht sofort eine Gänsehaut über den Körper. Deshalb übergebe ich das Wort ein letztes Mal an den Sachsen-Experten Gunter Böhnke, der noch einmal zusammenfasst, was die sächsische Sprache ausmacht: »Verschluckte Endsilben, verweichlichte Kon-

sonanten und unverständliche lexikalische Kurzformen.«
Sie glauben, für einen Außenstehenden ist dieser Dialekt
nicht zu verstehen oder zu lernen? Ich kann Sie beruhigen, denn ich kann Ihnen den besten Sächsisch-Sprach-
kurs Deutschlands empfehlen. Mehr dazu auf Seite 142
im Kapitel Kann ich noch Deutschland?

Wort des Jahres

Leider sterben Dialekte mehr und mehr aus, deshalb
schreiben sich immer mehr Wissenschaftler, Historiker
und Sprachbegeisterte den Erhalt der Dialekte auf ihre
Fahnen. So ist es auch in Sachsen. Wussten Sie zum Beispiel, dass bereits seit 2008 die »Sächsischen Wörter des
Jahres« gekürt werden? Diese Veranstaltung soll den Dialekt wieder mehr in den Fokus der Gesellschaft rücken
und dafür sorgen, dass der sächsische Dialekt nicht in
Vergessenheit gerät.

Jedes Jahr werden Vorschläge von der Ilse-Bähnert-
Stiftung, der Sächsischen Zeitung und dem MDR Sachsen
gesammelt und später ausgezeichnet. Sinn des Ganzen?
Natürlich die Dialektpflege und damit die Rettung der
Mundart. In den Kategorien »Beliebtestes Wort«, »Schöns-
tes Wort« und »Bedrohtestes Wort« werden per Voting die
Sieger ermittelt. Auch Schimpf- und Koseworte sind da-
bei. Sie wollen Beispiele? Sie bekommen Beispiele!

2020

- Schönstes Wort: Schnudndeggl = Mund-und-Nasenschutz
- Beliebtestes Wort: Nieselbriem = mürrischer Mensch
- Bedrohtestes Wort: dambern = rumtrödeln

2021

- Schönstes Wort: Dunsel = Schlafmützigkeit
- Beliebtestes Wort: Daheeme = Zuhause
- Bedrohtestes Wort: schooflich = garstig, gemein, hinterhältig

Bei den Schimpfworten hat zum Beispiel 2018 der *»Digg-nischl«* (Dickkopf) das Rennen gemacht und 2019 wurde das Kosewort *»Guhdsdr«* (gemeint ist »Bester«) Sieger. Der Vollständigkeit halber sei noch gesagt, dass ein wahres Multitasking-Talent 2022 zum »Wort des Jahres« gekürt wurde, nämlich *»de Därre«*. Diesen Begriff können Sie nicht nur bei Trockenheit im Sommer oder für Krisen benutzen. Nein, es steht auch gleichzeitig für Kälte. So weit, so sächsisch.

Wenn ich mich an meine Kindheit oder Jugend zurückerinnere, fällt mir keine einzige Situation ein, in der mir mein Dialekt unangenehm war. Entweder ich habe es erfolgreich verdrängt oder ich wurde tatsächlich nie aufgrund meines sächsischen Dialekts komisch behandelt oder ausgelacht. Ich habe meine ersten 20 Lebensjahre komplett in Sachsen verbracht. Als Kind war ich eigentlich permanent auf dem Dorf, aber ich kann mich auch nicht daran erinnern, während unserer Urlaube oder Ausflüge zu Familienmitgliedern in andere Bundesländer negative Erfahrungen gemacht zu haben. Allerdings war ich als Kind und Pubertierende auch etwas speziell. Um es in einfachen Worten auszudrücken: Ich habe absolut nichts darauf gegeben, was andere über mich dachten. Das Studium hat mich dann in Städte wie Mittweida, Leipzig und Dresden gebracht, alle in Sachsen. Und damit gab es auch kein Verständigungsproblem. Natürlich werde ich später im Buch noch ausführlich darüber berichten.

Der beliebte Sachse

Nachdem wir im ersten Teil des Buches genug über Vorurteile gegen und über die Sachsen gesprochen haben, möchte ich Ihnen nun ein paar Berufsfelder vorstellen, die sich freuen, wenn sie mit uns Sachsen zu tun haben.

Ich wollte herausfinden, wie wir Sachsen von Leuten wahrgenommen werden, die tagtäglich mit verschiedensten Nationen, Kulturen und Menschen in Berührung kommen. Also habe ich mich gefragt: Wo treffen Menschen aus verschiedenen Bundesländern aufeinander und werden, ob sie wollen oder nicht, dem Alltagstest oder Extremsituationen ausgesetzt? Genau, am Flughafen, im Hotel oder in der Bahn.

Lassen Sie uns mit einer besonders stressigen Situation starten. Stellen Sie sich vor, Sie müssen beruflich vereisen oder wollen in den Urlaub fliegen. Aus welchen Gründen auch immer, kommen Sie allerdings zu spät am Gate an, dieses ist bereits geschlossen, das Bodenpersonal lässt Sie nicht mehr zu Ihrer Maschine durch. Wie reagieren Sie?

Ich werde Ihnen nicht erzählen, aus welchem Bundesland vermehrt die Leute kommen, die in solchen Situationen ein wenig aus der Haut fahren, wie wollen ja keine neuen Vorurteile in die Welt senden. Aber ich möchte Ihnen gern erzählen, wer laut Bodenpersonal absolut die Ruhe behält, die Situation annimmt und abwartend nach einer Lösung sucht. Sie werden es schon ahnen: die Sachsen. Während sich alle Welt in Meditations- und Yogakursen in Achtsamkeit übt, scheinen die Sachsen das mit der Muttermilch aufgenommen zu haben.

Natürlich ist dies sehr pauschalisiert und natürlich gibt es, wie in jedem anderen Bundesland Deutschlands, auch in Sachsen unangenehme Menschen. Die gibt es aber leider überall, aber die blenden wir jetzt einmal aus.

Normalerweise ist der Sachse beim Einchecken und der Kofferabgabe übrigens vorbildlich, taucht rechtzeitig auf und lässt sich nicht aus der Ruhe bringen. Die Sachsen sind bekannt dafür, dass sie die Situation analysieren und bei Problemen etwas schüchtern auf das Personal zugehen.

Und auch im Flieger selbst sind wir offensichtlich gerngesehene Gäste. Darf man den Stewardessen glauben, mit denen ich gesprochen habe, fällt das Fazit durchweg positiv aus. Hier die schönste Antwort darauf, wie sich der typische Sachse in der Luft verhält:

»Der Sachse ist ein unglaublich dankbarer Gast. Sie sind herzlich, laut, lustig und sehr verständnisvoll. Auch beim Sitzplatzwechsel oder wenn die Essensauswahl nicht mehr vorhanden ist. Man hat immer das Gefühl, dass sie einfach froh sind, auf Reisen zu sein.«

Dieses Zitat zwingt natürlich sofort, an das Lied »Sing, mei Sachse, sing« zu denken. Der Hit aus dem Jahre 1979 von Jürgen Hart wird sogar als »Sachsenlied« bezeichnet und darf deshalb in diesem Buch nicht fehlen. Hier ein kurzer Auszug:

Dr Sachse liebd das Reisen sehr
Nu nee, nich das in Gnochen
Drum fährdr gerne hin und her
In sein'n drei Urlaubswochen
Bis nundr nach Bulgarchen
Dudr de Weld beschnarchen
Und sinde Goffer noch so schwer
Und sinse voll, de Zieche
Und isses Essen nich weid her
Das genndr zur Genieche!
Dr Sachse dud nich gniedschen
Dr Sachse singdn Liedchen!

Sing, mei Sachse, sing!
Es isn eichen Ding
Und ooch a dichdsches Glück
Um dn Zauber dr Musieg

Zwangsläufig muss man die Übersetzung für alle Nicht-Sachsen, die dieses Buch lesen, dazuschreiben: »Sing, mein Sachse sing. Der Sachse liebt das Reisen sehr. Nein, nicht das in den Knochen. Darum fährt er gern hin und her, in seinen Urlaubswochen. Bis runter nach Bulgarien schaut er sich die Welt an. Und sind die Koffer noch so schwer und sind die Züge voll, schmeckt das Essen nicht so gut, das kennt er schon. Der Sachse meckert nicht, der Sachse singt ein Liedchen. Sing, mein Sachse sing. So ist es seit jeher. Und ein großes Glück und der Zauber der Musik.«

Sie denken, der Text ist etwas schräg und gewöhnungsbedürftig? Dann hören Sie unbedingt die Melodie dazu an, Sie werden sich köstlich amüsieren.

Von der Luft geht es nun auf die Schienen. Eine spannende Story über seine erste Zeit in Sachsen habe ich von einem niederländischen Lokführer namens Arjen gehört. Eigentlich wollte er mir von seinen Erfahrungen mit den Sachsen auf längeren Reisen in seinen Zügen erzählen. Aber aus irgendeinem Grund sind wir relativ schnell vom Thema abgekommen und ich erfuhr von seiner großen Liebe Heike – einer Sächsin natürlich.

Deutsch hatte Arjen bereits viele Jahre zuvor in der Schule gelernt, jetzt begann er es durch Heike aber auch deutlich mehr zu nutzen. Aus seinem Schuldeutsch wurde dann immer mehr Sächsisch und er machte sich einen Spaß daraus, mit seinen Zuggästen Dialekt zu sprechen. Immer, wenn er irgendwo gefragt wurde: »Können Sie mir bitte kurz helfen?«, war seine Antwort: »*Nu freilisch!*«. Stolz erzählte er im Interview, dass man ihn bei seiner Eisenbahnerausbildung in Deutschland dann sogar für einen gebürtigen Sachsen hielt. Seit diesem Zeitpunkt wird er auch von vielen der »Sächsische Niederländer« genannt.

Natürlich hat er sich zwischen all den privaten Dingen auch noch zu den sächsischen Fahrgästen geäußert. Für Arjen sind diese vor allem entspannt und lassen sich nicht so schnell aus der Ruhe bringen. Flughafen und Bahn können wir also.

Hatte ich schon erwähnt, dass ich mich durch meine Lese- und Recherchereisen relativ oft in Hotels aufhalte? Barkeeper oder Hotelmanager sind natürlich prädestiniert für ein Interview über meine Landsleute. Sie denken, ein Hotelier vertraut einer Sächsin nicht seine ehrliche Meinung über die Sachsen an? Doch, ich war dafür nämlich inkognito in Bayern und Berlin unterwegs und habe mein schönstes Hochdeutsch ausgepackt. Wie benehmen wir uns denn nun, wenn wir in Hotels übernachten, wir Sachsen? Hier ein Zitat eines bayrischen Hotelmanagers: »Wenn die Sachsen die Hotel-Lobby betreten, schauen sie sich meist erst einmal ganz in Ruhe um. Wenn sie dann zum Einchecken auf uns zukommen, wirken sie teilweise sogar schüchtern und abwartend.« An diesem Punkt musste ich natürlich näher nachhaken, auch weil ich das Gefühl hatte, dass er noch nicht so richtig mit der Sprache rausrücken wollte.

Als er weitersprach, konnte ich deutlich sehen, wie er nach den richtigen Worten suchte: »Manchmal habe ich das Gefühl, dass die Sachsen erst genau schauen, mit wem sie es zu tun haben, bevor sie sich öffnen und ihre Herzlichkeit zeigen. Vielleicht sind sie aus der Geschichte heraus und durch ihren Ruf einfach etwas vorsichtiger.« Wir haben dann noch lange über die Teilung von Ost und West gesprochen und warum diese Kopfschranke bei vielen noch heute so ausgeprägt ist. Er sagte außerdem: »Wenn man den Sachsen höflich und mit Respekt begegnet, dann öffnen sie sich sehr schnell, suchen das Gespräch und sind sehr umgängliche und unkomplizierte Gäste.« So kenne ich uns!

Fakt ist, egal in welchen Berufszweigen ich mich umgehört habe, die Sachsen genießen einen guten Ruf und ja, es wird immer Ausnahmen geben, denn komische Menschen gibt es bekanntlich überall. Aber wenn der »Durchschnitts-Sachse« (So ein tolles Wort!) sein eigenes Bundesland verlässt, wird er als abwartend, freundlich und gemütlich wahrgenommen. Der sächsischen Gemütlichkeit widme ich dann ab Seite 121 noch ein eigenes Kapitel, aber jetzt erstmal immer *scheen mid dor Ruhe un durchatmen.*

Nicht ganz so gemütlich ging es für mich nämlich in der Schulzeit zu. Ich würde es gern auf die Lehrer schieben oder meine Eltern und Mitschüler. Aber klar ist leider, dass ich mir da irgendwie selbst im Weg stand.

Sitzenbleiberkind

Gleich vorweg: Ich war keine gute Schülerin. Obwohl, das stimmt so eigentlich nicht. Die ersten zehn Jahre meiner schulischen Laufbahn hatte ich eigentlich bestens im Griff. Ich war ein Kind, was nie lernen musste und trotzdem passable Noten schrieb. Zumindest war das in der Grund- und Realschule so. Viele Menschen, die so lernfaul sind wie ich es war, bezeichnen sich gern als die »praktischen Typen«, und genau so habe ich mich auch gesehen. Nach dem Unterricht ging es nicht an den Schreibtisch, um Hausaufgaben zu machen oder um für Tests zu lernen, sondern raus in die Natur. Warum hätte ich daran auch etwas ändern sollen, wo doch auch ohne größere Anstrengungen in der Schule alles lief?

Das böse Erwachen kam erst nach der zehnten Klasse mit meinem Wechsel aufs Gymnasium. Ich weiß nicht, ob Sie es wissen, aber theoretisch ist es in Sachsen möglich, sein Abitur in zwölf Schuljahren zu meistern. In anderen Bundesländern kann das schonmal 13 Jahre in Anspruch nehmen oder, wie in meinem Fall, 14 Jahre.

Ja, Sie haben richtig gelesen, erst nach 14 Jahren Schule konnte ich mich Abiturientin nennen. Ich bin also ein »Sitzenbleiberkind«, aber das ist noch nicht einmal das Spannendste an der Geschichte. Ich glaube, ich bin der einzige Mensch auf der Welt, der es geschafft hat, die zehnte Klasse dreimal zu absolvieren. Meine »erste zehnte Klasse« war der Abschluss in der Realschule – erfolgreich. Um dann aufs Gymnasium wechseln zu können und mich auf den Stand der anderen zu bringen, musste ich die zehnte Klasse auch dort noch einmal absolvieren, leider nicht ganz so erfolgreich. Das Lotterleben ohne Lernen war offensichtlich vorbei, leider habe ich das zu spät verstanden und durfte deshalb eine Ehrenrunde drehen und somit die zehnte Klasse zum dritten Mal genießen. Machen Sie bitte nicht den Fehler und nehmen Sie meine schulischen Leistungen als Maßstab für die sächsische Intelligenz. Das Gegenteil ist nämlich der Fall. Wir Sachsen sind richtig helle und das kommt vor allem durch das hervorragende Bildungssystem.

Bereits zum 17. Mal in Folge hat Sachsen beim Leistungsvergleich der Bildungssysteme aller 16 Bundesländer den ersten Platz belegt, sagt der Bildungsmonitor. Platz zwei geht nach Bayern. Besonders gut ist der Freistaat Sachsen übrigens bei der Förderinfrastruktur, der Schulqualität und Forschungsorientierung. Bestwerte werden vor allem in Mathematik und den Naturwissenschaften erreicht. Will Sachsen allerdings weiter an der

Spitze stehen, bedarf es in Zukunft dringend schnelleres Internet und vor allem Lehrer und Erzieher.

Ich kann mich noch gut an einen Spruch aus meiner Kindheit erinnern, der das Thema zwölf oder 13 Schuljahre für einen Abschluss aufgegriffen hat: »Die im Westen haben 13 Jahre, ein Jahr mehr, das ist Schauspielunterricht.« Vielleicht erklärt das ja irgendwie, warum ich so gern vor der Kamera stehe, nach ganzen 14 Jahren Schulbank.

Trotz allem durfte ich mich am Ende über mein Abitur freuen – auch wenn dies unfassbar schlecht war. Dennoch war mir klar, dass es schwer werden würde, einen Studienplatz zu finden. Ich wollte trotzdem hoch hinaus.

Dann machen wir eben etwas Kunst

Doch bevor ich zu meinem Kampf um einen Studienplatz komme, möchte ich noch kurz erzählen, dass es manchmal gar nicht so schlimm ist, eine Extra-Runde in der Schule zu drehen oder, wie in meinem Fall, sogar zwei. Ich bin ja der festen Überzeugung, dass alles, was in meinem Leben passiert, einen Grund oder zumindest einen Nutzen hat. Klar kann es sein, dass ich mir das nur einrede, weil ich dann leichter mit Misserfolgen umgehen kann. Fakt ist aber, es funktioniert für mich und so habe ich auch aus meinen schulischen Ehrenrunden das Beste gemacht.

Mir war damals klar, dass mich die zweite Wiederholung der zehnten Klasse am Gymnasium sehr unzufrieden stimmen würde. Durch den Wechsel von der Realschule war ich sowieso schon ein Jahr älter als die meisten in meinem Jahrgang und jetzt würden noch einmal jüngere Schüler nachrutschen. Mein Selbstvertrauen war also im Keller.

Heute weiß ich, dass mir schon immer die Kunst und das kreative Arbeiten geholfen haben, wenn es mir mental nicht gut ging. Damals mit 16 war ich natürlich noch nicht so reflektiert wie heute und habe mich dennoch instinktiv dafür entschieden, mich einer Jugendtheatergruppe in Zwickau anzuschließen. Ab dem ersten Tag habe ich am Theater Plauen-Zwickau eine zweite Heimat gefunden, meine bunte und kreative Heimat, weit weg von Schulstress und Gymnasiasten, die nicht so richtig in mein Leben passen wollten. Plötzlich war ich umgeben von Kreativen, Schauspielern, Tänzern, Sängern, und ich habe sofort gemerkt, dass ich dort dazugehöre.

Vorher hatte ich diesen Effekt immer schon, wenn ich auf der Bühne stand. Egal, ob im Kindergarten, der Laienspielgruppe in der Grundschule, bei sämtlichen Familienfeiern oder zusammen mit dem »Langenreinsdorfer Faschingsverein«, Rampenlicht und Unterhaltung waren schon immer meins.

Während ich die Stadt Zwickau also immer mit dem Theater verbinde, ist die viertgrößte Stadt Sachsens den meisten Leuten vor allem durch eines bekannt: den Trabant.

Bereits vor über 65 Jahren und damit noch zu DDR Zeiten lief in Zwickau der erste Trabi vom Band. Drei Millionen Trabis wurden produziert und noch heute sind mehr als 39.000 von ihnen zugelassen, Tendenz steigend. Der Trabant ist mittlerweile ein absolutes Kult-Auto und das nicht nur in Sachsen. Den Trabi kann man eigentlich nur lieben oder hassen. Die DDR-Bürger, die damals bis zu 13 Jahre auf ihre bestellte »Rennpappe« warten mussten, haben ihn wahrscheinlich auch zeitweise gehasst. Aus Pappe war der Trabant übrigens nicht wirklich. Seine Karosse bestand aus einem Verbundmaterial aus Kunststoff und Baumwoll-Gewebe. In Zeiten hoher Spritpreise war und ist der Leichtbau also ein Geschenk. Auch mit Begriffen wie »Kugelporsche« und »Überdachte Zündkerze« ging der Trabi in die Geschichte ein. 1991 verließ der letzte Trabant das Zwickauer Werk. Er war Pink und trug die Seriennummer »3.096.099«. Spätestens durch den Film »Go Trabi Go« mit Wolfgang Stumph bekam der Trabant noch einmal die Aufmerksamkeit, die er verdient hatte. Spitzenmodelle erreichen bereits Werte bis zu 30.000 Euro.

Natürlich haben mir die Jahre als Statistin und Praktikantin der Theaterpädagogin am Theater dann auch einige Pluspunkte für meine Bewerbungen für Medienstudiengänge gebracht. Allerdings war es damals noch mehr als ungewiss, ob ich überhaupt einen Studienplatz in diesem Bereich bekommen werde.

MEIN STUDENTEN- UND BERUFSLEBEN

Schicksalsfahrt

Wissen Sie, was für mich Schicksal ist? Wenn ich in den falschen Zug steige, deshalb das Abenteuer meines Lebens verpasse, aber dadurch eine unglaublich tolle Zukunft geschenkt bekomme. Aber der Reihe nach.

Nach meinem Abitur erkannte ich, dass ich mit meinem unterirdisch schlechten Durchschnitt – der lag bei 3,5, sehr viel schlechter geht es also wirklich nicht – niemals einen Studienplatz bekommen würde. Zumindest keinen, der mich wirklich interessiert und erfüllt.

Die letzten Jahre auf dem Gymnasium waren für mich der Horror. Es gab einfach zu viele Fächer, denen ich so gar nichts abgewinnen konnte und bei denen mir auch nicht klar war, wie sie mir in Zukunft durch mein Leben helfen sollten. Ich sah mich nie an einem Schreibtisch mit irgendwelchen Tabellen und Grafiken, ich wollte keine Reagenzgläschen im Labor zusammenmischen, und in der Biologie konnte ich mich irgendwie auch nur für die Fortpflanzung begeistern. Niemals würde ich mich also zu einer Notlösung hinreißen lassen und einen zulassungsfreien Studiengang belegen, nur damit ich überhaupt studiere.

Die Zeiten der schweren Augenlider und Versagensangst sollten endlich vorbei sein. Die Vernunft (ich war selbst verwundert, wo diese plötzlich herkam) siegte am Ende dennoch. Natürlich habe ich mich trotzdem für einige Studiengänge beworben, vor allen an Medien-Unis und für kreative Studienrichtungen. Doch alle Schulen schienen nur nach guten Noten zu schauen. Mein Untergang! Mir war klar, dass ich entweder 87 Jahre auf einer Warteliste stehen würde oder ein Studium absolvieren müsste, welches mich so gar nicht interessierte, aber ohne Aufnahmebeschränkungen war.

Bei meinen endlosen Recherchen im Internet und der damit verbundenen Selbstfindungsphase, wohin es mit mir beruflich gehen sollte, stolperte ich über eine spannende Stellenausschreibung: »Animateur/in für Spanien gesucht. An verschiedenen Urlaubsorten im wunderschönen Spanien suchen wir nach motivierten Animateuren. Du bist begeisterungsfähig, hast eine positive Ausstrahlung und möchtest die kommende Sommersaison in der Sonne verbringen? Dann bewirb dich jetzt und erlebe den Sommer deines Lebens!«

Ich war schon immer laut, durchsetzungsstark und liebte die Wärme und Partys. Für mich klang diese Stellenausschreibung also nach einer tollen Alternative zu einem furztrocknen Studiengang, der nur übrig war, weil ihn keiner machen möchte. Zwei Stunden später ging meine Bewerbung zur Animateurin raus. Ich bekam prompt eine Zusage vom Reiseveranstalter, der mich im Bus mitsamt der Partymeute aus Deutschland nach Spanien schicken würde. Eigentlich hätte ich mich nur noch in den richtigen Zug setzen müssen, um aus Leipzig bis zum Treffpunkt zu fahren. Doch ich hatte meine Rechnung ohne Neunkirchen gemacht.

Wussten Sie, dass es die Stadt Neunkirchen ganze neun Mal in Deutschland gibt? Und nochmal fast genauso viele Gemeindeteile, die so heißen? Nein? Ich auch nicht. Ich wusste nicht einmal, dass es Neunkirchen zweimal gibt und bin sehr siegessicher in den Zug nach Mecklenburg-Vorpommern gestiegen.

Die Zugfahrt war total angenehm und ich konnte es nicht erwarten, gleich im Partybus nach Spanien zu sitzen. Allerdings wartete dieser in Nordrhein-Westfahlen auf mich, in einem anderen Neunkirchen also. Wenn man das überhaupt warten nennen konnte. Als ich bemerkte, dass irgendetwas gewaltig schief zu laufen schien und ich im falschen Zug saß, war es eigentlich schon zu spät. Mein Gruppenleiter sagte mir am Telefon, dass der Bus weiterfahren müsse, um die restlichen Gäste und Animateure einzusammeln. Ich konnte kaum atmen, als mir bewusst wurde, dass ich gerade das Abenteuer meines Lebens verpasste. Ich weiß gar nicht, worüber ich mich mehr geärgert habe: meine Dummheit oder die Tatsache, dass meine Reisegruppe nicht auf mich gewartet hatte. Deprimiert ging es zurück nach Hause, und ich stand plötzlich ohne Pläne und Zukunft da.

Nach einer schlaflosen Nacht und einem vollgeheulten Kissen schlappte ich am nächsten Morgen in die Küche meiner Eltern. Beim Verlassen des Raumes drückte mir mein Vater einen Brief mit den Worten: »Der liegt schon ewig hier.« in die Hand. Der Absender war die Hochschule Mittweida.

Sie wussten nicht, dass es eine Hochschule in Mittweida gibt? Sie wissen nicht mal, dass es Mittweida gibt? Damit sind Sie nicht allein. Die kleine Studentenstadt zwischen Dresden, Leipzig und Chemnitz gehört mit knapp 16.000 Einwohnern nicht gerade zu den Großstädten Sachsens. Wenn ich Ihnen aber sage, dass es ohne Mittweida wahrscheinlich heute keinen Audi auf den Straßen und keine Bahlsen-Kekse auf unserem Kaffeetisch geben würde und dass Spiegelteleskope so, wie wir sie kennen, noch nicht erfunden wären, dann ist das keine Übertreibung. Die Hochschule Mittweida hat seit ihrer Gründung 1867 viele Erfinder von Weltruhm hervorgebracht und ist damit eine große Bereicherung für das Bundesland Sachsen.

Sie wollen Namen? Sie bekommen Namen:

- August Horch (Konstrukteur und Unternehmer im Automobilbau von Weltruhm/Audi)
- Friedrich Opel (Leiter des Technischen Büros der OPEL-Werke in Rüsselsheim, Rennfahrer)
- Oskar Ursinus (Tiefbauingenieur und Luftfahrtpionier; bekannt als der »Rhönvater«)
- Friedrich Nevoigt (Unternehmensgründer/Diamant Fahrradwerke)
- Bernhard Schmidt (Astrofotograf, Konstrukteur und Hersteller astrooptischer Geräte mit Weltgeltung)
- Ernst Sachs (Erfinder des elektrischen Lötkolbens)
- Hans Bahlsen (Technischer Leiter der H. Bahlsen Keksfabrik in Hannover)

Diese Aufzählung könnte ich noch um einige Genies erweitern. Doch wie Sie sicher schon bemerkt haben, kommen die Genannten alle aus dem Bereich Technik und Maschinenbau. Ich dagegen wollte ja immer unbedingt »etwas mit Medien« machen. Ich kann diesen schrecklichen Spruch selbst nicht hören, aber das Berufsfeld im Medienbereich ist sehr weit, und auch ich war nicht in der Lage zu erfassen, welche Möglichkeiten diese Branche tatsächlich mit sich bringt. Niemals hätte ich allerdings meinen Medien-Berufswunsch mit Mittweida in Zusammenhang gebracht. Natürlich waren Leipzig, Dresden, Berlin, Hamburg oder München eher die Städte, in denen ich mich auf Studentenpartys gesehen habe. Mein Leben hatte aber einen anderen Plan mit mir.

Die slawischen Wangenknochen

Kurz vor meinen Abiturprüfungen ergatterte ich, dank meiner fantastischen slawischen Wangenknochen, eine Rolle als Statistin im Film »Damals in Ostpreußen«. Als polnische Zwangsarbeiterin durfte ich im Nachthemd einen Drehtag lang vor der Kamera stehen. Ungeschminkt wohlbemerkt! Normalerweise ging ich nicht einmal ungeschminkt zum Müll, immerhin bestand überall die theoretische Möglichkeit, Robbie Williams zu treffen. Aber mein ungeschminktes Gesicht auf eine DVD gepresst zu sehen, war dann irgendwie doch ok. Was tut man nicht alles für ein bisschen Ruhm? Während der Pausen am Set kam es immer wieder zu Gesprächen mit der Filmcrew. Irgendwann erzählte ich einem der Kameramänner von meinem Wunsch, im Medienbereich zu arbeiten und von meiner verzweifelten Suche nach einem Studienplatz. Er berichtete mir davon, dass er in Mittweida Medientechnik studiert hatte – und ließ nicht unerwähnt, dass dieser kleine Ort zu den Medienhochburgen in Deutschland gehört.

Nach dieser Unterhaltung ging mir die Hochschule nicht mehr aus dem Kopf. Meine Schwester hatte dort bereits Umwelttechnik studiert und blickte auf eine äußerst lustige und schöne Studienzeit zurück. Bis zu diesem Zeitpunkt war mir gar nicht bewusst, dass es dort auch einen großen und bekannten Medienbereich gab.

Eine Entdeckung auf der Homepage machte mich dann sehr glücklich. Für den Studiengang Medientechnik gab es keinen Numerus Clausus. Mithilfe einer kreativen Arbeit konnte man auch mit schlechten Noten einen Studienplatz bekommen. Dementsprechend hoch war allerdings auch die Konkurrenz. Versuchen wollte ich es trotzdem, immerhin liebte ich schon damals das Schreiben. Ich verfasste eine Reportage zum Thema: »Mein erster Filmdreh«, denn ohne »Damals in Ostpreußen« hätte es meine Bewerbung für die Hochschule Mittweida schließlich nie gegeben.

Um ehrlich zu sein, hatte ich mein kurzes Bestreben, an dieser kleinen Hochschule in Sachsen zu studieren, schon wieder fast vergessen, als ich an diesem Morgen in der Küche meiner Eltern den Brief in der Hand hielt. Die Absage aus Mittweida würde mir nun nach meiner Höllennacht voller Zukunftsängste noch den Rest geben. Ich nahm den Brief aus dem Umschlag und die dickgedruckten Worte sprangen mir entgegen: »Einladung zum Vorstellungsgespräch«. Mein Bauch begann vor Freude zu kribbeln.

Offensichtlich hatte den Verantwortlichen meine eingereichte Arbeit gefallen, und ich sollte bereits eine Woche später zum finalen Gespräch antanzen. Begeistert schrie ich durch das ganze Haus: »Ich kann vielleicht Medientechnik studieren, ich darf nächste Woche zum Vorstellungsgespräch!« Mein Vater schlappte erneut an mir vorbei, tätschelte meine Schulter und sagte: »Gut, zum Glück warst du so dumm und bist in den falschen Zug gestiegen.« Je mehr ich über seine Worte nachdachte, umso mehr verstand ich, wie Recht er hatte. Ohne das verpasste Spanien-Abenteuer wäre ich gar nicht mehr in Deutschland gewesen, um an diesem Aufnahmegespräch teilzunehmen. Ein kleiner Traum war geplatzt und hatte so Platz für etwas viel Größeres gemacht.

Eine Woche später war ich offiziell Studentin an der Hochschule Mittweida, eine von bisher über 80.000. Damals konnte ich noch nicht ahnen, dass mich diese Hochschule zum Journalismus, zum Fernsehen, zu meinem eigenen Video-Fußball-Magazin, zu meinem Mann und vor allem zu diesem Buch bringen würde. Danke Mittweida!

Die Medien-Tussi

Wider Erwarten gab mir das Studium in Mittweida alles, was ich mir vorher nicht hätte vorstellen können. Es gab plötzlich Unterricht, der mich interessierte, Projektarbeiten, die mich zu Höchstleistungen animierten, und vor allem war ich von Leuten umgeben, die genau das gleiche liebten wie ich: die Medien, die Kamera, das Schreiben und vor allem das kreative Arbeiten. Ich denke, ich muss nicht erwähnen, dass mich das Studentenleben auch außerhalb des Hörsaals in eine ganz andere Welt brachte.

Ich lebte zum ersten Mal in einer Wohngemeinschaft, ich ging auf meine ersten Studentenpartys. Ich musste lernen, dass eine durchgetanzte Nacht im Studentenclub für die schulischen Leistungen eher kontraproduktiv war. Ich erkannte, dass das Essen in der Mensa fast so gut war wie das meiner Mutsch, und ich hatte Spaß daran herauszufinden, dass diese neue Freiheit und diese absolute Selbstbestimmtheit Fluch und Segen zugleich sein konnte.

Zu Beginn des Studiums bin ich jedes Wochenende aufs Dorf gefahren. Mein Studentenjob in der Gaststätte meiner Eltern brachte mir nicht nur ein bisschen Geld, sondern auch prallgefüllte Essenskisten ein, die ich dann jeden Sonntag stolz nach Mittweida fuhr. Da blieb manchmal so viel übrig, dass ich meine gesamte WG durchfüttern konnte und den ein oder anderen Schwarm mit »meinen Kochkünsten« beeindruckt habe.

Dass ich keine einzige Studentenparty ausgelassen habe, muss ich vermutlich nicht erwähnen. Partys in Mittweida? Ja, das geht. Egal, ob in der eigenen Wohngemeinschaft, bei Kommilitonen oder im Studentenclub, es war immer etwas los. Noch heute frage ich mich allerdings, wer damals auf die Idee kam, ausgerechnet die Mathematik-Vorlesungen auf Dienstag- und Donnerstagmorgen acht Uhr zu legen. Manchmal vermute ich boshaftes Kalkül der Professoren dahinter. Wie die Vorlesungen waren, kann ich leider nicht beurteilen, denn ich habe es nie geschafft hinzugehen, aber es muss grausam sein, nach einer Partynacht drin zu sitzen.

Natürlich klingt das jetzt krasser als es war. Ich war wirklich stolz, in der Medienstadt Mittweida zu studieren und hatte sogar am Unterricht und den damit verbundenen Projekten großen Spaß.

Trotz des einen oder anderen Tequilas oder Likör 43 zu viel, war ich eine überraschend gute Studentin, was auch den externen Dozenten nicht verborgen blieb. Das Studium in Mittweida hat mir gerade in den sächsischen Sendeanstalten viele Türen geöffnet. Noch während des Bachelorstudiums konnte ich parallel beim »MDR Sachsenspiegel« in Dresden arbeiten. Immer mit dem Ziel im Kopf, die amtierende Moderatorin zu stürzen und das Mikrofon an mich zu reißen. Nein, ich scherze natürlich, obwohl ...

Keine Wetterfee

Natürlich musste ich mich auch dort langsam und geduldig hocharbeiten. Zu Beginn gab es für mich eine Menge Videos zu transkribieren, Zuarbeiten für die Redakteure zu erledigen oder Sachen von A nach B zu tragen. Zu verstehen, wie so ein Landesfunkhaus funktioniert und wie all die Theorie, die ich aus dem Studium kannte, im wahren Leben abläuft, brauchte Zeit.

Allerdings ging es relativ schnell, dass ich auch eigene Beiträge produzieren konnte und als Videojockey in ganz Sachsen unterwegs war. Was das ist? In diesem Fall Mädchen für alles. Ich bin zum Beispiel mit dem Firmenwagen und der kleinen Kamera ins Erzgebirge gefahren, habe dort ein paar Skispringer interviewt, Bilder abgedreht und bin wieder zurückgefahren. Im Schnitt wurde dann alles zusammengebastelt. Nicht immer ist ein ganzes Kamerateam mit Tonmann und Co. unterwegs. Nach diesem Prinzip kann man sogar auch eigene Moderationen aufnehmen. Kamera aufs Stativ und los geht's. Härter kann man, glaube ich, nicht an die Arbeit beim Fernsehen herangeführt werden. Mehr lernen kann man in kürzester Zeit aber eben auch nicht.

Während meiner Zeit in Dresden und vor allem im Praxissemester beim »Sachsenspiegel« gab es für mich nur die Arbeit. Ich wollte alles, was dort passierte, aufsaugen wie ein Schwamm, wollte Kontakte knüpfen und vor allem schnell in allem besser werden. Und natürlich wollte ich auch die Sachen ausprobieren, die ich vorher noch nicht gemacht hatte.

Ich erzähle das, weil ich vor allem in dieser Zeit mit Anfang 20 den großen Traum hatte, auch vor der Kamera zu stehen – bestenfalls irgendwann selbst als Moderatorin des »Sachsenspiegels«. So abwegig war der Gedanke auch nicht. Während meiner Zeit im Landesfunkhaus durfte ich immer mal wieder mein Gesicht in die Kamera halten. Viel zu reden, fällt mir ja nicht sonderlich schwer, und schüchtern war ich auch noch nie. Absolut in meinem Element war ich zum Beispiel, als ich als rechte Hand von Fernsehjournalistin Katrin Huß den Faschingsumzug in Radeburg mitmoderieren durfte. Ganz schlecht scheine ich diese ersten Versuche nicht gemacht zu haben, denn wenig später wurden meine Wünsche erhört!

Eines Tages kam die Anfrage meines Chefs, ob ich nicht beim Casting für die neue Wetterfee dabei sein wolle. Natürlich wollte ich das. Und natürlich wollte ich die Chance nutzen, unterschätzte die Herausforderung aber komplett. Es ist ein großer Unterschied, ob man bei einem Faschingsumzug die Narren vor der Kamera interviewt oder im Studio steht, drei Kameras und unzählige Scheinwerfer auf einen gerichtet sind und der Teleprompter vor einem läuft. Noch nie zuvor hatte ich mit so einem Ding gearbeitet, dementsprechend kläglich waren dann auch meine Moderationsversuche beim Casting.

Natürlich wurde ich so nicht die neue Wetterfee des »Sachsenspiegels«, ich war einfach eine zu blutige Anfängerin. Aber allein diese Chance bekommen und diese Erfahrung gemacht zu haben, waren Gold wert. Als mein Chef und ich später über die Aufnahmen sprachen, gab er mir einige Dinge mit auf den Weg, die mich wirklich weiterbrachten, aber bei einer Sache bin ich innerlich fast geplatzt. Seine Worte waren in etwa, oder zumindest das, was bei mir ankam: »Du hast viel Talent, wirst deinen Weg gehen, musst aber dringend etwas an deinem Aussehen ändern.« Bähm! Frauen aller Länder vereinigt euch und seid entsetzt! Allerdings muss ich mit meinem heutigen Wissen sagen: Er hatte Recht! Damals hatte ich noch meine schwarzgefärbten langen Haare, mit Pony. Auch meine Augen waren sehr dunkel geschminkt. Ich war also nicht zu hässlich fürs Fernsehen, so wie ich die Sache damals wohl verstehen wollte, sondern ich war einfach zu unnatürlich. Und vor allem war ich so keine typische Wetterfee, höchstens bei dunklen Wolken und starken Gewittern.

Dieses Casting und die damit verbundenen Erfahrungen taten meinem Ehrgeiz, in der Fernseh-Branche Fuß zu fassen, aber keinesfalls einen Abbruch. Ich blieb sogar noch beim »Sachsenspiegel«, um meine Bachelorarbeit zu schreiben. Leider blieb währenddessen nicht viel Zeit, um die wunderschöne Stadt Dresden besser kennenzulernen. Eine Schande, wenn man bedenkt, was unsere Landeshauptstadt alles zu bieten hat.

Bereit für den Faktencheck Dresden?
Los geht's!

Auch in diesem Faktencheck werde ich nicht auf einzelne Sehenswürdigkeiten eingehen, dafür gibt es Reiseführer. Allerdings gibt es auch ein paar Dinge über unsere Landeshauptstadt, die die wenigsten wissen. Noch spannender ist aber die Tatsache, dass vor allem viele Ausländer nicht den Hauch einer Ahnung haben, wie schön Dresden ist.

Als ich in Zypern gelebt habe (mehr Infos dazu ab Seite 138 in Kapitel *»Sächsin goes Zypern«*), saß ich abends oft mit meinen zypriotischen Nachbarn zusammen und wir haben Infos und Fotos über Deutschland und Zypern ausgetauscht. Als ich ein Bild von Dresden gezeigt habe, hat mein Nachbar gelacht und gesagt: »Na, jetzt sind wir aber nicht mehr in Deutschland.« Er war felsenfest davon überzeugt, dass die Fotos von Dresden nach Italien gehören. Dafür kann man ihm nicht mal einen Vorwurf machen, denn Dresden wird auch »Elbflorenz« genannt.

Die extrem reizvolle landschaftliche Lage Dresdens an der Elbe, die barocken Prunkbauten, die unzähligen Kunst- und Kulturschätze und die klimatischen Besonderheiten haben der Landeshauptstadt diesen Titel eingebracht. Auch die Begriffe »Florenz des Nordens« oder »Florenz an der Elbe« bescheren Dresden im Vergleich zum Rest Sachsens jedes Jahr die meisten Touristen. Und auch beim Thema Nachhaltigkeit lässt die Landeshauptstadt ihre sächsischen Nachbarn alt aussehen. Noch vor Chemnitz (3. Platz) steht Dresden auf Platz zwei bei den nachhaltigsten Städten in Deutschland. Untersucht wurden die Anzahl der Grünflächen, die Luftqualität, der Wasserverbrauch, Fahrradrouten und der Umgang mit Abfall. Nur Freiburg war noch vorbildlicher. Aber natürlich gibt es noch viel mehr zu berichten.

In Dresden gibt es den größten geschliffenen von Natur aus **Grünen Diamanten** der Welt. Das Naturwunder hat 41 Karat und verdankt seine grüne Färbung natürlicher Radioaktivität, die im Inneren der Erde auf den Stein eingewirkt haben soll. Der kostbarste Diamant im Juwelenschatz August des Starken kann im »Grünen Gewölbe« bewundert werden.

»Dresden, die Schokoladenstadt«. Ich will ehrlich zu Ihnen sein, aber diesen Namen habe ich mir ausgedacht. Erst bei näherer Recherche habe ich festgestellt, dass Dresden tatsächlich Deutschlands erste Schokoladenhauptstadt war. Die erste Milchschokolade wurde nicht etwa in der Schweiz, sondern in der Landeshauptstadt erfunden. Bereits 1839 bewarb das Unternehmen »Jordan & Timaeus« in einer Zeitungsannonce ihr neustes Produkt: Schokolade mit Eselsmilch. Erstmals wurde der Kakao nicht mehr nur als Trinkschokolade genutzt. Durch die gute Verkehrsanbindung Dresdens wurde die Stadt im Deutschen Kaiserreich dann auch zum Hauptstandort der Branche. Vor dem Ersten Weltkrieg gab es 28 Fabriken in der Stadt, die 550 Tonnen Kakao im Jahr verarbeiteten. Die Voraussetzung für den mit Schokolade gefüllten Weihnachtskalender kommt ebenfalls von hier, und ohne Dresden gäbe es die Tell-Äpfel, Dominosteine und Radebeuler Stäbchen nicht so, wie wir sie heute kennen.

Es ist unmöglich, alle Sehenswürdigkeiten aufzuzählen, die Dresden so besonders machen. Der »Fürstenzug« gehört dennoch besonders hervorgehoben. Der Fürstenzug ist ein überlebensgroßes Bild eines Reiterzuges. Dieses 101 Meter lange Kunstwerk gehört zu den **größten Porzellankunstwerken weltweit**. Verwendet wurde natürlich Meißener Porzellan, 23.000 Fliesen davon. Der Fürstenzug befindet sich unweit der Frauenkirche und gehört zu den Wahrzeichen Dresdens.

Traumberuf gefunden, oder?

All meine Erlebnisse in Dresden hatte ich während meines Bachelor-Studiums. Als ich mich dann allerdings dazu entschied, auch meinen Masterabschluss noch zu machen, trieb es mich beruflich und auch für meine Abschlussarbeit weiter nach Leipzig.

Im Videoteam der »Leipziger Volkszeitung« konnte ich mich dann vor und hinter der Kamera auslassen und parallel meine Masterarbeit schreiben. Ich habe als Redakteurin Beiträge gedreht, geschnitten und vertont und durfte mich auch immer wieder als Moderatorin (nicht als Wetterfee) in und außerhalb des Studios beweisen. Ich hatte Drehs zu tagesaktuellen Themen (Nachrichten), Bandinterviews und Straßenumfragen. In dieser Zeit habe ich so viele aufregende Menschen getroffen und so viele spannende Themen recherchiert wie nie zuvor in meinem Leben. Eigentlich konnte ich das machen, was ich schon immer wollte und was ich mir auch für die Zeit nach dem Studium gut hätte vorstellen können: Medientussi sein und Gott und die Welt interviewen.

Nur eine Sache hat mich immer gestört: Ich war zwar in Sachsen und in dem, was ich tat sehr erfolgreich, aber ich wollte endlich lupenreines Hochdeutsch sprechen. Auch wenn mich die Arbeit in Leipzig sehr glücklich machte, wollte ich schon gern ausreizen, wie weit es mit mir als Moderatorin noch gehen kann. Vielleicht auch außerhalb Sachsens.

Ich konnte es schon damals weder beim Radio noch beim Fernsehen ertragen, wenn jemand sächselte. Diese Abneigung gegenüber meinem eigenen Dialekt hatte meiner Meinung nach ihre Ursache im schlechten Ruf. Wie ich ja bereits ab Seite 65 im Kapitel »Wort des Jahres« analysiert habe, habe ich wegen meines Dialektes nie schlechte Erfahrungen in meinem Privatleben gemacht. Jedoch höre ich immer wieder von anderen Sachsen, wie schwer sie es teilweise außerhalb Sachsens mit ihrem Dialekt haben. Sie glauben, ich übertreibe und dass Sächsisch gar nicht so unbeliebt ist? Diese Hoffnung hatte ich auch, doch die Faktenlage lässt jedes Hoffen im Keim ersticken.

Sächsisch ist Bummelletzter*

Ich könnte behaupten, dass der sächsische Dialekt zu den unbeliebteren deutschen Dialekten zählt. Das ist zwar nicht schön, aber damit könnte man leben. Allerdings wäre das eine Lüge, denn Sächsisch ist DER unbeliebteste Dialekt in Deutschland. Und zwar mit Abstand.

Bei 54 Prozent der Befragten beginnen die Ohren durch Wörter wie »*diggschn*« (eingeschnappt sein) und »*katschn*« (laut schmatzen) zu bluten. Nur 21 Prozent dagegen erleben diesen schmerzhaften Effekt bei den Zweitplatzierten aus Bayern. Welch klarer Sieg für uns Sachsen, bei einem Wettbewerb zu gewinnen, den eigentlich keiner gewinnen will! Zurück bleibt Entsetzen.

Fakt ist aber eben auch, dass die wenigsten dieser Umfragen wissenschaftlich oder gar repräsentativ sind. Eine Umfrage kann jedes Klatschblatt, jede Studentengruppe oder jeder Kulturverein machen. Die Frage ist immer: Wo findet die Umfrage statt und wer sind die Teilnehmer? Natürlich schafft es ein großes Bundesland wie Bayern aus dem Umfragetief, wenn sie mit einer deutlich größeren Anzahl an Abstimmenden teilnehmen als zum Beispiel die Sachsen. Wie würde eine solche Umfrage zum Thema Dialekt denn ausgehen, wenn sie von einer Zeitschrift stammt, die hauptsächlich im Osten vertrieben wird? Richtig, Sächsisch würde ganz sicher nicht zum unbeliebtesten Dialekt in ganz Deutschland gewählt werden.

Die offiziellen Erhebungen bei Statista und anderen Umfrageportalen sind außerdem schon viele Jahre alt. Eine aktuelle Statistik? Fehlanzeige!

Dennoch müssen wir uns wohl oder übel damit abfinden, dass die guten alten Zeiten vorbei sind. Damit meine ich die glorreiche Vergangenheit, in der Sächsisch zu den angesehensten Dialekten überhaupt gehörte. Luther schrieb nach der sächsischen Kanzleisprache, und Goethes Eltern schickten ihren talentierten Sohn nach Leipzig, weil sie davon überzeugt waren, dass dort das beste Hochdeutsch gesprochen wurde. Früher war sicher nicht alles besser, das Hochdeutsch in der Messestadt aber offenbar schon. Erst mit dem Machtverlust Sachsens im Deutschen Reich, also Anfang des 19. Jahrhunderts, verlor unser Dialekt mehr und mehr an Ansehen.

Egal, ob in Magazinen, auf Social-Media-Plattformen oder an Hochschulen, auch in aktuellen Rankings gelingt dem Sächsischen kein Überraschungserfolg. Wir bleiben Bummelletzter.

Was das ist? Der Bummelletzte kommt bei einem Wettlauf als Letzter ins Ziel, wahrscheinlich sogar mit Abstand. Er ist der Schuljunge, der immer als Letzter mit dem Ertönen der Schulglocke ins Klassenzimmer stolpert und mit Schnappatmung zu seinem Stuhl rennt. Könnte man das Wort »Letzter« steigern, dann wären die korrekten Formen: Letzter, Allerletzter, Bummelletzter. Selbst mir als Optimistin fällt es also schwer, einen letzten Platz in einem Beliebtheitsranking gegen 15 andere Teilnehmer schönzureden. Kein Dialekt in Deutschland ist unbeliebter als der sächsische. Punkt.

Die selbstbewussten Bayern dagegen, die im Ranking vor knapp 15 Jahren auf Platz zwei der unbeliebtesten Dialekte sicher auch nicht glücklich waren, haben sich nach oben gearbeitet. Mittlerweile zählt der bairische Dialekt zu den beliebtesten in Deutschland. Wie die Bayern das gemacht haben? Nun ja, sie haben der gesamten Bundesrepublik immer wieder erzählt, wie toll ihre Sprache ist und wie sehr sie diese lieben. Und vor allem haben sie niemals versucht, Hochdeutsch zu sprechen, ihren Dialekt zu unterdrücken oder gar ihre Herkunft zu verleugnen. Offensichtlich hat sich diese Hartnäckigkeit ausgezahlt.

Wir Sachsen sind da leider anders. Wie gern würde ich mit geschwollener Brust aus der Masse treten und sagen: »Ich stehe zu meinem sächsischen Dialekt. Sächsisch ist toll!«

Soll ich Ihnen erzählen, was ich stattdessen gemacht habe? Ich bin zum Sprachunterricht und zur Logopädie gegangen. Ehrlicherweise versuche ich seit 15 Jahren Hochdeutsch zu sprechen. Allerdings mit nur mäßigem Erfolg.

Während meiner Zeit bei der »Leipziger Volkszeitung« stand ich immer häufiger auch vor der Kamera. Vorher, als Redakteurin und Zeitungsjournalistin, hat mich mein Dialekt nie interessiert. Meine Interviewpartner haben fast alle gesprochen wie ich, in meinen Texten sächsischen

Slang zu vermeiden, war kein Problem. Nach unzähligen Artikeln und meinem Studiengang im Bereich der Kommunikation konnte ich mich problemlos an meinem Talent für hochdeutsche Texte erfreuen. Anders war es, als ich vor der Kamera von Gott und der Welt, aber eben immer noch aus Sachsen berichtet habe.

Es hat sich gut angefühlt und für mich gab es nichts Spannenderes, als mit einem Kameramann loszuziehen und mein Rampensau-Dasein auszuleben. Bestens gestylt ging es zu spannenden Events. Vielleicht würde ich es irgendwann bis in die »Tagesschau« schaffen, dachte ich. Der Moment der Ernüchterung und der harte Fall auf den Boden der Realität kamen allerdings immer im Schnitt.

Sobald ich meine eigenen Moderationen auf dem Monitor sah, um die besten Szenen und Einstellungen herauszusuchen, wäre ich am liebsten im Boden versunken. Da stand diese sympathische Moderatorin, die offensichtlich sehr viel Spaß bei ihrer Arbeit hatte und sagte: »Härzlisch Willgommen zum Fußball-Magazin, heude vom Spordblads in Brobstheida.« Für alle Nichtsachsen unter uns: »Herzlich Willkommen zum Fußball-Magazin, heute vom Sportplatz in Probstheida.« Ich konnte nicht fassen, dass ich trotz aller Bemühungen nicht in der Lage war, eine Moderation auf Hochdeutsch abzuliefern.

Haben Sie schon einmal eine Sprachnachricht von sich selbst abgehört? Dann wissen Sie, wie es mir am Schnittplatz ging. Ich war entsetzt über meine Aussprache und die Tatsache, dass mir noch immer sächsische Worte in meine Moderationen rutschten, wenn ich mich nicht haargenau an meinen vorher geschriebenen Text hielt.

Ja, ich habe für ein regionales Fußball-Video-Magazin in Sachsen gearbeitet. Ja, sicher haben die meisten Zuschauer meinen Dialekt nur halb so krass wahrgenommen wie ich. Ja, ich hätte darüberstehen können, eben weil es ein Magazin von einer Sächsin für Sachsen war. Aber was soll ich sagen, ich konnte meinen eigenen Dialekt nicht ertragen. Im Fernsehen und im Radio ist man es einfach gewohnt, dass die Moderatoren Hochdeutsch sprechen. Diese Tatsache wurde mir damals sehr schmerzhaft klar.

Auch die Gespräche mit meinem Chef über Authentizität, konnten mich nicht beruhigen. Er hatte im Gegensatz zu mir nie ein Problem mit meinen Moderationen. Mit allen Mitteln wollte ich die typisch sächsischen, langgezogenen Ahs und Ohs aus meiner Sprache verbannen, in der Lage sein, ein hartes »P« auch als dieses auszusprechen und bei dem Wort »Geschichte« nicht ständig über das benachbarte »sch« und »ch« stolpern. Mittlerweile achten viele regionale Radiosender auch wieder vermehrt darauf, dass im Programm Sächsisch gesprochen wird. Keiner möchte, dass Dialekte völlig verschwinden. Ich dagegen wollte es damals, mit allen Mitteln.

Mein Plan: Sprachtraining beim Logopäden und verstehen, warum mir das Hochdeutschsprechen scheinbar unmöglich war. Viele Wochen saß ich also im Wartezimmer zwischen der kleinen Susi, die das »s« in ihrem Namen nicht aussprechen konnte und dem frechen Max, dem auch mit vier Jahren noch nicht nach Reden zu Mute war und freute mich auf den Tag, an dem ich mein perfektes Hochdeutsch vor der Kamera präsentieren konnte. Die gute Nachricht ist, dank der Logopädie kann ich meine Stimme heute vor Auftritten bestens aufwärmen und vorbereiten. Ich weiß jetzt sogar, dass ich Stimmlippen habe und diese bei mir nicht richtig schließen. Leider ist diese Tatsache keine Ausrede für mein Sächsisch, denn das hat nachweislich keine körperliche Herkunft. Ich habe also während meiner Behandlungszeit richtig viel gelernt, nur eine Sache nicht: Hochdeutsch.

Während meiner Zeit in Leipzig hat das ehrlich gesagt auch keine Sau interessiert. Das fand alles nur in meinem Kopf statt. Was aus meinen Jahren in Leipzig allerdings immer bleiben wird und das Wichtigste überhaupt ist, ist, dass ich mich unsterblich in die Messestadt verliebt habe. Noch heute komme ich mehrmals im Jahr zurück, treffe alte Arbeitskollegen und Freunde, die in der Stadt geblieben sind, und schlendere mit einem leichten Kribbeln durch die kleinen Gassen der Stadt. Doch wenn ich das nächste Mal in Leipzig bin, werde ich an eine Sache besonders denken: den versoffenen Frosch.

Der versoffene Frosch

Es ist kein Geheimnis, dass ich eine große Schwäche für Leipzig habe. In der Messestadt habe ich meine Abschlussarbeit geschrieben, nach dem Studium beruflich Fuß gefasst und meinen jetzigen Mann kennengelernt.

Ich weiß nicht, wie oft ich schon in Leipzig vor der Oper stand und laut zu mir gesagt habe: »Mein Leipzig lob' ich mir.« Kennen Sie diesen berühmten Ausspruch aus Goethes »Faust«? Im ersten Teil von 1808 steht: »Mein Leipzig lob' ich mir! Es ist ein Klein-Paris und bildet seine Leute!« Während seines Jura-Studiums lebte Johann Wolfgang von Goethe in Leipzig, und bis heute rühmt sich diese wundervolle Stadt mit dem Zitat Goethes. Aber soll ich Ihnen etwas verraten? Weder Faust noch Goethe selbst haben diese historischen Worte gesagt, sondern ein versoffener Frosch, der in »Faust 1« zu Mephisto sprach.

Als wäre das nicht schon schlimm genug, hat der Frosch diese zwei Sätze auch noch ironisch gemeint. Dreimal dürfen Sie raten, wie der kluge Sachse mit solch einem skandalösen Wissen umgeht. Ok, ich verrate es Ihnen, denn Sie kommen niemals darauf.

Die damaligen Marketing-Experten der Stadt Leipzig machten sich die erste Hälfte des Zitats zu eigen, ließen eine Riesenleuchtreklame anfertigen und installierten diese gut sichtbar für alle Menschen an den Brühlhochhäusern und setzten Goethes Schattenbild gekonnt daneben. Nun stand da also »Mein Leipzig lob' ich mir.« neben

Goethes Kopf. Der versoffene Frosch wurde nie mehr thematisiert – zumindest bis heute in diesem Buch.

Mittlerweile, viele Jahre später, erstrahlt der Schriftzug nach einem Umzug an den Höfen am Brühl, die Hochhäuser von damals existieren nicht mehr. Und wissen Sie was? Kein Mensch kennt mehr die Geschichte vom versoffenen Frosch. Alles richtig gemacht, würde ich sagen. Wenn man Goethes Zitat heute hört, denkt man nur noch an den berühmten Dichter und seine vermeintliche Liebeserklärung an Leipzig.

Bevor es mit Details zur Universitätsstadt weitergeht, ein kurzer Einschub. So genial, wie damals die Abteilung Marketing für Leipzig beim versoffenen Frosch agiert hat, so desaströs lief es ein paar Jahre später bei einem der bekanntesten Slogans für unsere Bundesländer. Baden-Württemberg hat mit »Wir können alles. Außer Hochdeutsch.« den beliebtesten Slogan eines Bundeslandes in Deutschland. Seit 1999 rühmt sich Baden-Württemberg mit diesem Spruch, auch wenn er anfangs für Häme und Spott sorgte. Mittlerweile ist es der beliebteste und bekannteste Slogan. Warum ich Ihnen das erzähle? Dieser Slogan wurde eigentlich uns Sachsen angeboten und aus für mich absolut unerfindlichen Gründen haben wir dankend abgelehnt. Chance verpasst, würde ich sagen – mal wieder. Ohne gemein zu sein, muss man leider feststellen, dass wir Sachsen manchmal dazu neigen, eine Chance zu spät zu erkennen, nicht schnell genug zuzugreifen oder zu zaghaft zu sein. Kennen Sie den Slogan für Sachsen?

»So geht Sächsisch.« Klingt selbstbewusst, landet auf der bundesweiten Beliebtheitsskala aber leider nur auf Platz 14. Schön ist er trotzdem, und vielleicht gelingt es mir mit diesem Buch ja, unseren Slogan noch etwas bekannter zu machen.

Zurück nach Leipzig. Auch, wenn mir die Recherchen für dieses Buch die ganze Wahrheit zum versoffenen Frosch offenbart haben, lob' ich mir mein Leipzig weiterhin in den höchsten Tönen. Für mich hat diese Stadt die perfekte Größe und ist der ideale Spagat zwischen Dorf- und Stadtleben.

Ich erzähle oft, dass ich mir heute nicht mehr vorstellen könnte, in meinem Heimatdorf zu leben. Es wäre mir mittlerweile einfach zu klein. Andererseits würde ich nie ganz anonym in einer Großstadt wie Berlin leben können, das wäre mir dann wieder zu groß. Nach einigen Monaten in Leipzig war es so, dass ich zum Beispiel auf dem Marktplatz Leute getroffen habe, die ich kannte. Dieses Grüßen auf der Straße braucht das Dorfmädchen in mir genauso sehr wie einen Stammbäcker, bei dem ich quatschen kann oder ein Restaurant, in dem ich irgendwann die Namen der Kellner kenne oder mit dem Besitzer nach Feierabend ein Bierchen trinken kann.

Aber ich möchte eben nicht daran denken müssen, was meine Nachbarn denken, wenn ich mir eine Putzfrau gönne oder wenn ich zwischen Weihnachten und Neujahr Bettwäsche auf dem Wäscheplatz aufhänge oder mein Weihnachtsschmuck eine Woche zu lang im Fenster steht. Sie wissen nicht, was ich damit meine? Es gibt auf dem Dorf Regeln und Bräuche, die eingehalten werden müssen, auch 100 Jahre nachdem sie mal von irgendwem aufgestellt wurden. Das ist der Teil des Dorflebens, den ich nicht mehr ertragen kann. Lange Rede, kurzer Sinn: Leipzig war immer meine perfekte Mischung aus Anonymität und vertrautem Heimatgefühl.

Leipzig-Liebe

Manchmal ist es mir völlig egal, ob ich gerade an einer Kurzgeschichte, einem Roman, einem neuen Sachbuch oder einem Interview sitze. Durch meine Ausbildung zur Journalistin und den Jahren bei der Zeitung und beim Fernsehen habe ich immer das Bedürfnis, Wissen und Fakten in meine Texte einzubauen. Umso seliger werde ich bei den nun folgenden Aufzählungen, die noch einmal mehr unterstreichen sollen, warum Leipzig so besonders und einzigartig ist. Bereit? Los geht's, einmal geballtes Leipzig-Wissen für Sie:

Nicht nur ich finde Leipzig spitze, die **»New York Times«** ist sogar so begeistert von unserer Messestadt, dass sie Leipzig auf die Liste der Top-50-Reiseziele weltweit neben Paris, Washington und Tokio gepackt hat. Coole Menschen, eine tolle Kunstszene und ein aufregendes Nachtleben. Was will man mehr?

Können Sie sich vorstellen, dass es in Leipzig **457 Brücken und Stege** gibt? Ich will ja nicht angeben, aber das sind mehr als in Venedig. Deshalb wird Leipzig auch manchmal als »Klein-Venedig« bezeichnet. Die längste Brücke ist die Zeppelinbrücke mit 171 Metern. Die Könneritzbrücke und Sachsenbrücke zählen dagegen zu den schönsten der Stadt. Wo viele Brücken sind, kann das Wasser nicht weit sein. Genau das bringt uns zum nächsten Fakt.

Die Messestadt ist umgeben von Gewässern und wird von den drei Flüssen Parthe, Pleiße und Weiße Elster durchflossen. Ein 176,4 Kilometer langes Gewässernetz durchzieht die Stadt. Zahlreiche Rankings zeigen, dass die **Seen rund um Leipzig** außerdem zu den saubersten, schönsten und beliebtesten in ganz Deutschland gehören.

Ein weiterer Beweis dafür, dass nicht nur ich die Schönheit und die Möglichkeiten der Stadt erkannt habe, zeigt wohl die Tatsache, dass Leipzig die am schnellsten wachsende Stadt im Osten ist. In den nächsten 20 Jahren sollen 61.000 Einwohner dazu kommen. Bundesweit ist Leipzig übrigens die Stadt mit dem **höchsten Zuwachs bei Kindern** und Jugendlichen. Bis 2040 soll die Zahl um 25 Prozent zunehmen.

Jetzt brauchen wir aber auch mal ein bauliches Highlight. Ich präsentiere voller Stolz den Leipziger Hauptbahnhof. Dieser ist der **größte Kopfbahnhof Europas**. Die Fassade des Leipziger Hauptbahnhofs misst stolze 298 Meter. Außerdem zählt er zu den komfortabelsten

Bahnhöfen Europas. Sie können also getrost mit dem Zug anreisen und ein bisschen Wartezeit einplanen, wenn es mal nach Leipzig geht.

Der Leipziger Stadtteil Plagwitz wird auch als Künstlerviertel bezeichnet. Doch einmal im Jahr verwandelt sich sogar die ganze Messestadt in eine große Bühne: beim »**Wave-Gotik-Treffen**« (kurz WGT). Seit 1992 treffen sich die Anhänger der Gothic-Szene am Pfingstwochenende vier Tage lang auf dem Musik- und Kulturfestival. Mit über 20.000 Besuchern ist es eines der größten Veranstaltungen der alternativen und Schwarzen Szene. Die Konzerte, Ausstellungen, Partys und Mittelaltermärkte locken Besucher aus der ganzen Welt an. Für Menschen aus Mexiko, Kolumbien und Japan ist das WGT eine Art Familientreffen

»**Schöner Leben**« kann man in Leipzig übrigens auch. Keine deutsche Stadt hat mehr Kulturdenkmäler als die Messestadt. Über 15.000 gibt es, und rund 80 Prozent davon sind opulente Gründerzeit- und Jugendstil-Paläste. Diese beeindruckenden Bauwerke wurden zu restaurierten Altbauquartieren (Wohnungen, Bars, Restaurants) und dadurch zu neuem Leben erweckt. Auch Fabriken und Industriebetriebe wurden zu Wohnvierteln oder Kulturzentren umgebaut.

Natürlich sollen auch die Tiere beim Faktencheck nicht zu kurz kommen. Der **Leipziger Zoo** darf deshalb in dieser Aufzählung nicht fehlen. Er zählt nicht nur zu den top Zoos in Deutschland, sondern belegt sogar im europaweitem Ranking Platz zwei, hinter dem Tiergarten Schönbrunn in Wien. Auf 27 Hektar leben im Leipziger Zoo etwa 630 Tierarten in sechs Erlebniswelten.

Als besonders hundefreundlich zählt Leipzig mit seinen 46 Hotels, in denen Vierbeiner willkommen sind, übrigens auch. Hundelaufzonen gibt es viele, wodurch die Messestadt auch hier im deutschlandweiten Vergleich zusammen mit Dresden ganz vorn mitmischt.

Wer nach diesem Faktencheck nicht laut in die Hände klatscht und mit mir ruft: »Mein Leipzig lob' ich mir!«, den bekomme ich wohl auch nicht mehr überzeugt. Für mich hat diese Stadt einfach einen ganz besonderen Stellenwert. Wie schon zu Beginn des Textes erwähnt, war Leipzig für mich sowohl beruflich wie auch privat betrachtet der Startschuss für alles, was danach kam.

Klingt nach großen Worten? Ich übertreibe mit keiner Silbe. Selbst wenn ich nur die wichtigsten Ereignisse benenne, die die Messestadt in meinem Leben ausgelöst hat, wird deutlich, wie wegweisend Leipzig für mich war: Ehemann kennengelernt, nach Dänemark ausgewandert, Kinder bekommen, Hochzeit und weiter nach Zypern ausgewandert. Warum ausgerechnet Leipzig für all das der Ursprung war, lesen Sie jetzt:

MEIN FAMILIENLEBEN

Fußball, wohin man schaut

Als ich in Leipzig für das Fußball-Video-Magazin »Sportbuzzer« als Redakteurin und Moderatorin gearbeitet habe, war ich auf den Fußballplätzen in und um Leipzig unterwegs. Und damit meine ich wirklich viel unterwegs. Wer sich ein wenig im sächsischen Fußball auskennt, weiß vielleicht, dass es allein in Leipzig die drei bedeutenden Vereine »Lokomotive Leipzig«, »Chemie Leipzig« und »RB Leipzig« gibt. Die Messestadt ist und war schon immer absolut fußballverrückt. Ich habe nicht nur diesen Job geliebt, sondern habe mich in ungeplanter Weise während des Jobs auch noch heftig selbst verliebt.

Bei einem Interview mit einem Trainer hat es eingeschlagen. Das klingt klischeehaft, war aber eigentlich sehr aufregend und romantisch. Damals konnte ich noch nicht einmal in Ansätzen erahnen, wie dieses Interview und vor allem diese Beziehung mein privates, aber auch mein berufliches Leben beeinflussen würden. Mein Mann wird in diesem Buch, wie auch auf jeder anderen Plattform Mr. Z genannt.

Als Mr. Z in Leipzig entlassen wurde, wie das bei Fußballtrainern leider häufiger üblich ist, waren wir schon längst hoffnungslos verliebt. Eine neue Trainerstation würde natürlich auch einen neuen Lebensmittelpunkt mit sich bringen und ich stand vor der Entscheidung: Als Sportjournalistin in Leipzig bleiben und eine Fernbeziehung führen oder alles auf eine Karte setzten, mitgehen, wohin auch immer und erstmals Sachsen den Rücken kehren. Bevor ich Ihnen erzähle, wofür ich mich entschieden habe, kommt hier der Faktencheck Fußball:

Einen Fußball-Rekord, den das **Leipziger Zentralstadion** noch immer hält, ist der mit den meisten Zuschauern. Am 24. Oktober 1957 sahen 110.000 Zuschauer die 1:4-Niederlage der DDR gegen Tschechien. Auch deshalb wurde die Sportstätte lange Zeit »Stadion der Hunderttausend« genannt. 2000 wurde das größte Stadion der DDR und Deutschlands dann abgerissen und ohne Leichtathletikanlage als »neues« Zentralstadion gebaut. Mittlerweile trägt es den Namen »Red Bull Arena«.

Einer der **ältesten Schiedsrichter Deutschlands** kommt aus Sachsen. Kurt Müller, bekannt als »Poldi«, ist bereits Ende 80 und damit eine lebende Legende. Der Zwickauer steht seit 55 Jahren auf dem Platz und hat schon weit über 4.000 Spiele gepfiffen. 2011 wurde er vom Deutschen Fußballbund (DFB) sogar zum Schiedsrichter des Jahres in Sachsen ausgezeichnet. Apropos DFB: Wussten Sie, dass der **DFB ein Sachse** ist? Der Deutsche Fußballbund wurde am 28. Januar 1900 in Leipzig gegründet. 36 Vertreter aus 86 Vereinen saßen damals in der Gaststätte »Zum Mariengarten« zusammen. Mittlerweile zählt der DFB rund 7 Millionen Mitglieder in ca. 25.000 Vereinen.

Sachsen ist fußballverrückt und gleich sechsfach bei den höchsten **Mitgliederzahlen ostdeutscher Fußballvereine** vertreten. Hinter den beiden Berliner Clubs »Union« und »Hertha« (beim Ranking beides Bundesligisten) reiht sich der Drittligist »Dynamo Dresden« mit knapp 25.000 Mitgliedern ein. Platz sechs geht mit »Erzgebirge Aue« (knapp 10.000 Mitglieder) ebenfalls an einen Drittligisten. Platz 9 und 10 sichern sich »Lokomotive Leipzig« (Regionalliga Nordost) und der »FSV Zwickau« (3. Liga). In den Top 15 finden sich noch der »Chemnitzer FC« (Platz 11) und die »BSG Chemie Leipzig« (Platz 14) ein.

Aus Leipzig kommt außerdem ein **Fußball-Simulator**, mit dem deutschlandweit immer mehr Profivereine trainieren. »SoccerBot 360« heißt die Erfindung von »Umbrella Software«. Der Spieler befindet sich in diesem Simulator in einer 360 Grad-Welt und ist von Beamern und High-Speed-Kameras umgeben. Durch verschiedene Programme und Aufgaben soll die Maschine den Spielern helfen, schnellere und bessere Entscheidungen auf dem Platz zu treffen.

Doch nun zurück zu meiner Story, ebenfalls beeinflusst vom Fußball. Wer meine Stationen ein wenig kennt, weiß, dass ich mich damals für den Sprung ins kalte Wasser entschieden habe: Ich bin mit Mr. Z mitgegangen.

So hat uns der Fußball erstmal von Leipzig nach Stuttgart geführt. Von den Sachsen zu den Schwaben, für mich kein Problem. Sprachprobleme haben wir bekanntermaßen beide. Hatte ich schon erwähnt, dass Mr. Z Schwabe ist? Vielleicht wird durch diese Tatsache ja noch deutlicher, warum ich mich so viel mit Dialekten beschäftige.

Fakt ist: Wenn Mr. Z mit seiner schwäbischen Familie spricht, verstehe ich genauso wenig wie er, wenn ich die sächsische Heimat am Telefon habe. Offensichtlich war die Sprachbarriere dann aber nicht all zu groß, denn nach der Zeit in Stuttgart ging es nämlich auch noch zusammen nach Dänemark.

Diese Zeit war mit Abstand die beste meines Lebens. Ich habe mich innerhalb von wenigen Tagen unsterblich in das kleine skandinavische Land verliebt. Außerdem sind unsere beiden Kinder dort geboren. Witzigerweise habe ich in unseren sechs Jahren in Dänemark auch immer wieder Parallelen zu Sachsen entdeckt, aber dazu berichte ich dann später im Buch mehr.

In Zypern haben wir übrigens auch gelebt und mittlerweile sind wir in Fürth. Sie sehen nicht mehr durch? Keine Sorge, mir geht das ähnlich. Doch bevor wir die Auslandsstationen näher betrachten und zum Hier und Heute kommen, sollten wir analysieren, warum mich Mr. Z damals so unwiderstehlich fand.

Die schönen Sachsenmädels

Wenn man ein Buch über die Sachsen schreibt, darf meiner Meinung nach eine Redensart auf keinen Fall fehlen: »In Sachsen, wo die schönen Mädchen auf den Bäumen wachsen.« Dieser Spruch ist mindestens so alt wie wahr, wenn Sie mich fragen. Ehrlicherweise muss man aber auch erwähnen, dass dieses Kompliment an die sächsischen Frauen ursprünglich wohl gar nicht für diese gedacht war.

Glaubt man dem ein oder anderen Historiker, dann gibt es diesen Spruch schon so lang, dass eigentlich die Frauen aus dem alten Niedersachsen und der Lüneburger Heide gemeint waren. Entstanden sein soll das Sprichwort nämlich vor sehr langer Zeit in Hildesheim und die Urschönheiten dort wurden beschrieben mit den Attributen: »Glänzendes, lichtbraunes Haar, dunkelbraune, stark bewimperte Augen, geschwungene Brauen, eierrundes Gesichtchen, rein und idealisch, schlanker Wuchs, etwas über mittelgroß« und so weiter. Richtige Traumfrauen eben.

Auch unter Handwerksburschen waren die Sächsinnen Gesprächsthema Nummer eins. Die Brüder Jakob und Wilhelm Grimm schrieben dazu:

>*»Darauf so bin ich gegangen nach Sachsen,*
>*Wo die schönen Mägdlein auf den Bäumen wachsen;*
>*Hätt ich daran gedacht,*
>*So hätt ich mir eins davon mitgebracht.«*

Für alle, die noch immer nicht davon überzeugt sind, dass die schönsten Frauen Deutschlands in Sachsen leben, habe ich nun noch ein besonders schlagkräftiges Argument. Kenn Sie die »Jacob Sisters«? Die vier Sächsinnen waren die erste Girlgroup der deutschsprachigen Unterhaltungsmusik. Die Schlagersängerinnen traten als Quar-

tett auf und sangen unter anderem das Lied: »Schöne
Mädchen kommen aus Sachsen.« Kurzer Textausschnitt
gefällig?

Schöne Mädchen komm'n aus Sachsen
Wo sie auf den Bäumen wachsen
Nicht in London und Paris,
findste' Mädchen wie in Sachsen
die sind süss!

Gehn'se mal in Dresden durch den Zwinger
Sehn'se dort die kessen jungen Dinger
Kommste man nach Leipzig ei verbibbsch!
da gibt's Mädchen ganz besonders hübsch.

Wir sind ooch aus Sachsen wie se seehn
eine wie die andre hübsch und scheen
Aber richtich wär'n wir erst perfekt
Gäb's in Sachsen eenen Dialekt.

Natürlich stellt sich der ein oder andere Junggeselle jetzt
auch die Frage, wohin genau nach Sachsen man eigentlich gehen muss, wenn man diese besonders schönen
Exemplare der weiblichen Schöpfung treffen möchte. Mit
diesem Thema befasste sich die Zeitschrift »Buntes Leipzig« schon seit 1842. Dort stand geschrieben: »Ihr kleinen
gefährlichen Leipzigerinnen (...) ihr könnt den Dresdne-
rinnen dreist in der Liebenswürdigkeit 47 Point vorgeben

und ihr werdet dennoch die Partie glanzvoll gewinnen.« Wie neutral die Analyse einer Leipziger Zeitschrift beim Vergleich der Leipziger und Dresdner Damen ist, müssen Sie selbst entscheiden. Wahrscheinlich ist es aber besser, sich vor Ort selbst ein Bild der Lage zu machen oder Sie vertrauen auf die Miss-Wahlen. Denn auch da überzeugen die Sachsen mit ihrer Schönheit.

2018 kam die Miss Germany aus Dresden und nur ein Jahr später konnte ein Leipziger die Wahl zu Mister Germany für sich entscheiden. Und auch bei der Altersgruppe Ü-50 spielen wir ganz vorn mit. Ebenfalls 2019 wurde Evelyn Reißmann zur »Miss 50plus Germany« gewählt.

Allerdings scheint nicht allein die Optik die sächsischen Frauen so attraktiv zu machen. Glaubt man den Aussagen und Umfragen unter Männern, sind die sächsischen Damen auch äußerst wild, offen und freizügig. Noch viel wichtiger aber könnte sein, dass die Sachsen sehr treu sind. Wussten Sie, dass die Scheidungsrate in Deutschland im Freistaat am niedrigsten ist? Das mag zum einen daran liegen, dass wir Sachsen so treue Seelen sind oder eben, dass du eine sächsische Frau niemals wieder freiwillig gehen lässt, wenn du erstmal eine eroberst hast. Wer weiß?

Seit Jahren wird auch behauptet, dass die größten FKK-Fans aus Ostdeutschland stammen. Neusten Erhebungen zufolge, sind allerdings die Bewohner der Städte Düren (Nordrein-Westfalen), Tuttlingen (Baden-Württemberg) und Frechen (Nordrein-Westfalen) bei der Freikörperkultur Spitzenreiter. Keine Ostdeutsche Stadt schafft es in die Top 10. Selbst beim Blick auf die Bundesländer ist Sachsen nicht unter den nackigsten zehn zu finden.

Wie gern würde ich auch beim Thema »Schöne Frauen aus Sachsen« einen Faktencheck machen und damit belegen, dass es im Freistaat eben wirklich die schönsten Frauen gibt, aber über Geschmack, Vorlieben und Wahrnehmung lässt sich bekanntlich streiten. Ich möchte zumindest kurz meine eigene Meinung dazu kundtun.

Auf den nächsten Seiten des Buches werde ich viel über meine Umzüge und Auslandsaufenthalte berichten. Auch beim Thema Frauen haben mich diese natürlich geprägt. Bei allen Dingen, die ich gleich aufzähle, möchte ich mich schon einmal für die Pauschalisierungen und Verallgemeinerungen entschuldigen. Sehen Sie Folgendes also bitte mit ein bisschen Humor.

Vor allem in Zypern und Dänemark könnten die Frauen kaum unterschiedlicher aussehen. Ich weiß noch, wie begeistert ich in meiner Zeit in Dänemark war, dass diese wundervollen blonden Damen auf ihren Fahrrädern so unfassbar natürlich waren. Die Däninnen warten nicht bis ihre Haare nach der Dusche trocken sind, sondern setzen sich mit feuchtem Haar und meist komplett ungeschminkt auf ihr Fahrrad und radeln zur Arbeit, zum Einkaufen oder mit den Kids zum Kindergarten. Dabei strahlen sie übers ganze Gesicht.

Die Zypriotinnen dagegen habe ich immer dafür bewundert, wie top gestylt sie das Haus verlassen haben. Die dicken und langen dunklen Haare sitzen perfekt und auch das Make-up erweckt den Anschein, als wäre schon eine Stylistin im Haus gewesen. Was die Frauen dieser beiden Kulturen überhaupt gemeinsam hatten? Ihre Schönheit. Ja, die Mädels aus Sachsen finde ich schön, aber eben nur im Vergleich zu den anderen deutschen Bundesländern. Im weltweiten Vergleich muss man ehrlicherweise Abstriche machen.

Und dann gibt es da noch diese eine bestimmte »Gattung Frau«, die ich schon immer für ihre perfekte Schönheit bewundere: die Spielerfrauen! Sie denken, ich scherze? Keineswegs! Durch die Arbeit meines Mannes als Fußballtrainer war ich schon in unzähligen Stadien und vor allem in VIP-Bereichen von der vierten, bis in die erste Bundesliga, und was soll ich sagen? Wenn man die Schönheit einer Frau an einem perfekten Hautbild, samtweichen Haaren, durchtrainierten und dennoch weiblichen Körpern definieren würde, dann muss man sich bei den Spielerfrauen im Fußball umschauen. Aber eben nur dann. Wenn man eine gutaussehende Powerfrau mit dem Herz am rechten Fleck und einer eigenen Meinung sucht, dann ist man in Sachsen garantiert besser aufgehoben. Bevor ich mich hier noch um Kopf und Kragen rede, wechsle ich lieber schnell das Thema.

Da ich gerade eben schon ein paar Worte zu den dänischen Frauen verloren habe, möchte ich auch auf meine Zeit in diesem wundervollen skandinavischen Land eingehen.

Sächsische Gemütlichkeit in Dänemark

Als klar war, dass unsere nächste Fußballstation Dänemark werden würde, hatte ich sehr gemischte Gefühle. Zum einen freute ich mich riesig auf das Abenteuer Ausland, zum anderen fragte ich mich, ob es nicht ein wärmeres und vor allem trockeneres Land hätte sein können. Obwohl Dänemark ein direkter Nachbar Deutschlands ist, konnte ich überhaupt nicht einschätzen, was mich dort erwarten würde. Die Familienurlaube mit meinen Eltern spielten sich zwar auch ab und zu an der Ost- und Nordsee ab, aber eben auf der deutschen Seite. Ich war also vor unserer Auswanderung niemals in Dänemark und hatte dennoch einen ganzen Sack voller Vorurteile.

Keine Ahnung, woher mein Halbwissen überhaupt kam, aber für mich waren alle Dänen blond und es regnete und windete wahrscheinlich 360 Tage im Jahr. Warum das wie ein Problem für mich klang? Wer mich kennt, weiß, dass ich ein absoluter Sonnenmensch bin und zu dieser Zeit äußerst penibel mit meinem Pony (also nicht dem Tier, sondern meiner Frisur) war.

Ich sah mich also schon bibbernd mit meiner hässlichen Regenjacke und gelocktem Pony im dunklen Dänemark stehen. Natürlich immer etwas neidisch auf die wunderschönen blonden Däninnen blickend. Und natürlich hatte ich auch Angst davor, dass ich während meines ersten Auslandaufenthaltes Heimweh bekommen würde. Stuttgart war bis dato der weiteste Umzug, den ich gemacht hatte. Nun sollte ich auf eine andere Kultur und Sprache treffen, weit weg von der sächsischen Familie. Doch soll ich Ihnen etwas sagen? Dänemark und ich, das war Liebe auf den ersten Blick.

Ich war noch keine Woche in Solrød Strand (in der Nähe von Kopenhagen) und konnte nicht fassen, wie schön Dänemark war. Natürlich kommt dieser Effekt auch durch die endlosen Strände und das Meer, aber vor allem hat dieses kleine skandinavische Land die Eigenschaft, einen komplett zu entschleunigen, sobald man dänischen Boden betritt. In der dänischen Sprache gibt es dafür sogar ein Wort: *»hygge«*. Wahrscheinlich kennen Sie es sogar, weil es in Deutschland mittlerweile *Hygge*-Zeitschriften, *Hygge*-Wohntrends und unzählige *Hygge*-Ratgeber gibt. Was am *»Hyggesein«* so faszinierend ist?

Die Dänen sind ja seit vielen Jahren immer unter den Top Drei der glücklichsten Menschen der Welt. Seit ich sechs Jahre in Dänemark gelebt habe, bin ich mir sicher, dass das ganz viel mit diesem *»Hyggesein«* zu tun hat. Für *»hygge«* gibt es keinen deutschen oder englischen Begriff. Es steht für Freundschaften, Familie und Herzenswärme. Es ist zum Beispiel *»hyggelig«,* wenn man mit Freunden ein Picknick macht, mit der Familie am Abend vor dem Kamin sitzt und quatscht, oder Tretboot mit der (aktuellen) Liebe seines Lebens fährt.

Als ich mit meinem Buch über Dänemark auf Tour war, habe ich allen erzählt, dass es für dieses *»Hygge«*-Gefühl keine Übersetzung gibt, weil ich wirklich dachte, dass es so ist. Als ich dann allerdings begann, für dieses Buch hier über die sächsische Gemütlichkeit zu recherchieren, ist mir klar geworden, dass eigentlich das die Übersetzung sein könnte.

Was die Dänen meinen, wenn sie beim Abschied sagen: »*Det var sa hyggeligt.*« ist sehr gut vergleichbar mit unserem: »Das war wirklich ein gemütlicher Abend.« Wir Sachsen lieben es, auch in großen Gruppen zusammenzusitzen, gemeinsam den Abend zu verbringen, zu essen, viel zu reden und natürlich auch zu feiern.

Können Sie sich noch an das Kapitel über die Weihnachtszeit und meine Liebe dafür am Anfang des Buches erinnern? Natürlich haben die Dänen kein Erzgebirge oder Schwibbögen zu bieten, aber meine skandinavischen Freunde haben den schönsten Freizeitpark der Welt und der platzt im Dezember durch die Weihnachtsdekoration aus allen Nähten. Der »Tivoli« in Kopenhagen wird themenmäßig immer an die Jahreszeit oder verschiedenen Feiertage angepasst. Im Frühling und Sommer blüht es an jeder Ecke, zu Halloween liegen tonnenweise Kürbisse und Totenköpfe herum und zu Weihnachten versinkt dieser Park in Kunstschnee. Überall stehen Weihnachtsbäume, Häuser für Wichtel, und Millionen von Lichtern leuchten. Es ist magisch und für mich der schönste Ort in der dänischen Hauptstadt.

Das Erzgebirge habe ich übrigens trotzdem nach Dänemark gebracht. Als wir das Land verlassen haben, habe ich meinen Schwibbogen meiner dänischen Bonusfamilie geschenkt. In meinen sechs Jahren Dänemark gab es eine Hand voll Menschen, die von Bekannten zu Freunden und dann zu meiner Familie wurden. Ich kann also stolz vermelden, dass ich nicht nur meine tollen sächsischen Eltern habe, sondern auch meine dänische *mor* (»mor« ist dänisch für Mutter) und meinen dänischen *far* (»far« ist dänisch für Vater), meine Bonuseltern. Einen besseren Platz für unseren sächsischen Weihnachtsschmuck könnte es also gar nicht geben. Und ein Blickfang ist der Schwibbogen im dänischen Häuschen am Meer auf jeden Fall.

Erst jetzt, nachdem ich schon einige Jahre nicht mehr in Dänemark lebe und wieder viel häufiger in meiner Heimat Sachsen bin, fallen mir immer mehr Parallelen zwischen der dänischen und sächsischen Mentalität auf. Eine Sache, die meiner Meinung nach identisch ist, ist die Hilfsbereitschaft beider Völker.

Maultaschen für die Dänen

Wissen Sie, wie ich damals direkt nach unserem Umzug in die Birkevej unsere dänischen Nachbarn auf mich aufmerksam gemacht habe? Ich bin in den deutschen Lidl in Dänemark gegangen und habe mir eine typisch deutsche Speise ausgesucht. Zu meiner Schande muss ich sagen, dass meine Wahl auf Maultaschen fiel. Ich weiß, nicht sehr sächsisch. Aber Sie wissen ja, mein Mann ist Schwabe und Sächsische Eierschecke oder eine »Fettbemme« hatte ich gerade nicht zur Hand.

Ich habe dann mit Hilfe eines Übersetzungsprogramms die Zubereitung der Maultaschen auf Dänisch übersetzt und bin mit meinem deutschen Gastgeschenk und dem dazugehörigen Rezept von Tür zu Tür gegangen und habe mich vorgestellt. Die überraschten Gesichter meiner dänischen Nachbarn werde ich nie mehr vergessen, aber das Gute war, sie würden auch mich und meine Maultaschen nie wieder ignorieren können. Und das wollten sie auch nicht. Ab diesem Tag stand ständig jemand aus der Nachbarschaft vor meiner Tür.

Ich bekam – ungefragt, das war das Schönste daran – Tipps zur Müllentsorgung, konnte mir problemlos Werkzeug ausleihen und natürlich wurden wir auch zum Grillen oder ähnlichen Sachen eingeladen. Wirklich alles in unserer Straße erinnerte mich an Langenreinsdorf. Kein Wunder also, dass Dänemark bis heute meine zweite Heimat ist und auch immer bleiben wird.

Wissen Sie, was das Nationalgericht der Dänen ist? »Smørrebrød«. Und wahrscheinlich die Hotdogs. Was das Essen angeht, musste ich ein paar Abstriche machen und mir den Bauch vollschlagen, wenn ich bei meinen Eltern in Sachsen war. So richtig verrückt nach Gewürzen sind meine Dänen nämlich nicht.

Meine Mutsch und ihre sächsische Hausmannskost haben mir also ab und zu gefehlt. Deshalb lassen Sie mich die Frage ein bisschen abgeändert wiederholen: Wissen Sie, was typische Gerichte in Sachsen sind? Hier kommt der Essens-Check »Sächsische Küche«.

»Sächsische Küche«

Lassen Sie uns doch zu Beginn mit den typisch sächsischen Speisen beginnen, die schon durch ihren Namen deutlich machen, woher sie kommen. Gerichte wie das Leipziger Allerlei, der Dresdner Christstollen, Pulsnitzer Lebkuchen und natürlich die Sächsische Eierschecke und Kartoffelsuppe sind für uns Sachsen unverzichtbar. Erklären muss man hier wahrscheinlich nur das **Leipziger Allerlei**. Dieses traditionelle Gemüsegericht vereint junge Erbsen, Karotten, Spargelköpfe, Sellerie, grünen Bohnen und Morcheln. Auch Blumenkohl, Zwiebeln und Kohlrabi gehört für viele Sachsen zum Rezept, genauso wie im klassischen Allerlei die Grießklößchen nicht fehlen dürfen. Aber natürlich variieren die Rezepte zu dieser traditionellen Speise extrem.

Für die Leser, die nicht aus Sachsen kommen oder unter 30 sind, dürften folgende Gerichte Fragen aufwerfen. Allen anderen Lesern wünsche ich, dass es Ihnen beim Lesen so geht wie mir beim Schreiben: Ihnen soll das Wasser im Mund zusammenlaufen und es soll die Lust aufkommen, endlich mal wieder sächsisch zu kochen. Ach ja, bevor unzählige Leserbriefe bei mir eingehen, möchte ich sagen, dass all die Rezepte oder Zutaten ohne Gewähr und nicht in Stein gemeißelt sind. Und um ganz ehrlich zu sein: Ich habe noch kein einziges dieser Gerichte jemals selbst gemacht, dafür habe ich ja meine Sachsen-Muddi. Los gehts!

Süß-saure Flecke: Oder auch »Sächsische Flecke« genannt. Ich starte gleich mal mit dem Schocker schlechthin. Dieses beliebte Gericht wird aus den Innereien (überwiegend Pansen) von Wiederkäuern hergestellt. Zusammen mit Zwiebeln, Gewürzen, Kartoffeln und saurer Gurke werden die süß-sauren Flecke dann meist als Eintopf gegessen. Mit ihrer Vorliebe für Kutteln stehen die Sachsen übrigens nicht allein da. Auch in Frankreich, Spanien und Italien werden diese als Spezialität zelebriert.

Quarkkeulchen: Wer so herzhaft isst wie die Sachsen, braucht an manchen Tagen auch mal was Süßes. Da kommen die sächsischen Quarkkeulchen ins Spiel. Diese bestehen aus Kartoffeln, Quark, Mehl, Zucker, Eiern und, wer es mag, Rosinen. Die Quarkkeulchen sind flache, in einer Pfanne gebratene Klößchen aus Quarkteig. In der Form und Größe ähneln sie ein bisschen flachen Frikadellen. Optisch erinnern die Quarkkeulchen vielleicht an Pfannkuchen, durch die große Anzahl an Kartoffeln im Teig schmecken sie aber ganz anders. Nach dem Braten werden sie mit Zucker bestreut und mit Apfelmus serviert.

Fettbemme: Wenn die Küche einmal kalt bleiben soll, lässt die gute alte »Fettbemme« das Herz des Sachsen höherschlagen. »Bemme« wird in Sachsen eine einfache Scheibe Brot genannt. Wenn diese dann mit Schmalz (Schweine-, Gänse- oder Griebenschmalz) bestrichen und mit einem sauren Gürkchen dekoriert wird, dann brauchen die meisten Sachsen auch keine warme Küche. Es gibt übrigens tatsächlich auch zwei Hochdeutsche Begriffe dafür: Schmalzbrot oder Schmalzstulle, obwohl letztere eher in Nordostdeutschland gegessen wird. Aber irgendwie ist das halt einfach nicht dasselbe.

Armer Ritter: Diese Speise können wir nicht wirklich den Sachsen zuschreiben, denn den »Armen Ritter« gab es schon zu Zeiten der Römer. Aber vor allem in der DDR war der »Arme Ritter" aus alten Brötchen oder Weißbrotscheiben sehr beliebt. Auch bekannt als »Rostiger Ritter« oder »Semmelschnitte« ist dieses »Arme-Leute-Essen« aber auch heute noch sehr beliebt. In Sachsen wird es wie folgt zubereitet: Weißbrot (gern schon ein paar Tage alt), Milch, Eier, Zucker, Salz und Butter. Die »alten« Brotscheiben werden in der Zucker-Salz-Eiermilch gewendet und dann in hcißer Butter gebraten. Zucker drüber und *»ferdsch«* (fertig)! Schneller kann ein Essen nicht gemacht sein, aber ungesünder geht es wahrscheinlich auch nicht.

Tote Oma: Nein, Sie sind nicht in der Zeile verrutscht, ich bin noch immer beim Thema Essen, auch wenn es gerade nicht danach klingt. Ich oute mich an dieser Stelle gern: Ich stehe total auf dieses Gericht aus gebratener Blut- oder Grützwurst. Die Wurstsorten und ihre rote Färbung sind übrigens auch der Grund für den schaurigen

Namen »Tote Oma«. Eigentlich ist diese Speise nichts anders als kleingeschnittene Blut- oder Grützwurst, angebraten mit Zwiebeln und Speck. Serviert wird das Ganze dann mit Kartoffeln und Sauerkraut. Manche essen ihre »Tote Oma« aber auch gern mit Kartoffelbrei und Apfelmus.

Leipziger Lerche: Bei dieser Gebäckspezialität finde ich das Rezept und die Zutaten nicht halb so spannend wie den Ursprung des Namens. Aber gut, hier kurz der Vollständigkeit halber: Das Teiggebäck in Form einer Pastete ist aus süßem Marzipan, und die Geister streiten sich, ob Marmelade hineingehört oder nicht und wenn ja, ob es Aprikosen- oder Erdbeermarmelade sein soll. Warum aber »Leipziger Lerche«? »Leipziger« ist schnell erklärt, denn dort wurde die Leckerei erfunden. »Lerche« wird das Gebäck genannt, weil es als Ersatz für den Verzehr von Singvögeln eingesetzt wurde. Ja, Sie lesen richtig. Im 19. Jahrhundert wurde der Fang und Verzehr der aufgespießten Feldlerchen verboten, bis dahin galten sie aber als Gaumenschmaus. Ein Leipziger Bäcker entwarf damals als Ersatz die »Leipziger Lerchen«. Die überkreuzten Teigstreifen auf dem Gebäck symbolisieren die Schnüre, mit denen die Vögel zusammengebunden waren. Na dann, Mahlzeit.

All die genannten Speisen kenne ich nur zu gut aus meiner Kindheit in Sachsen und liebe sie noch heute. Allerdings ist diese Liebe noch nicht bis zu unseren Kindern übergeschwappt. Ich selbst habe, wie bereits erwähnt, noch keines der Rezepte selbst umgesetzt und meine Mutsch hat sich bei den Sachsen-Urlauben der Kids (vier und sechs Jahre alt) offensichtlich noch nicht über Quark- keulchen hinausgewagt. Aber wenn Sie jetzt glauben, dass unseren Kindern damit der gute sächsische Einfluss fehlt, liegen Sie falsch. Beim Essen gibt es vielleicht durch das Alter noch etwas Nachholbedarf, bei der Sprache und bestimmten Verhaltensweisen dagegen, werden sie mich bald überholen, dank meiner Eltern.

Dschiddschoriengrien

Dass meine Eltern extremen Einfluss auf mein Leben hat- ten, dürfte Ihnen mittlerweile klar sein. Wie sehr sie al- lerdings auch das Leben ihrer Enkelchen und damit mei- ner Kinder sächsisch beeinflussen, bringt mich jedes Mal zum Staunen. Ein perfektes Beispiel dafür ist der Begriff *»Dschiddschoriengrien«*, womit umgangssprachlich undefi- nierbare Grüntöne bezeichnet werden.

Dieses Wort verfolgt mich seit meiner Kindheit, ich benutze es im Spaß und spreche es natürlich im tiefsten Sächsisch aus. Allerdings haben meine Kinder den Begriff definitiv vom Opa, der einzigen Person auf diesem Plane- ten, der das Wort noch häufiger und lieber nutzt als ich. Es gibt so einige Sachen, die unsere Kids machen, die sie aus dem sächsischen Dorf mitbringen.

Dadurch, dass wir lange im Ausland gelebt haben, wurden die Ferien bei Oma und Opa in Sachsen immer besonders intensiv genutzt. Schon kurz nach ihrer Geburt haben die beiden gleich mehrere Tage auf dem Dorf verbracht, ohne uns Eltern. Bis heute haben wir daran nichts geändert. Sie machen sich keine Vorstellung, was man in einer Woche mit der sächsischen Oma und dem sächsischem Opa aus Sicht der Kids alles lernen kann. Oder lassen Sie es mich umformulieren: Sie haben keine Ahnung, was meine Eltern sprachlich und essenstechnisch in einer Woche Sachsen alles verpfuschen können. Oh Gott, jetzt höre ich wieder meine Mutter, wie sie sagt: »Überleg dir genau, was du in diesem Buch schreibst, sonst geht es dir wie Prinz Harry.« Mutsch, ich komme leider trotzdem nicht umhin, ein paar der Storys zu erzählen. Woher weiß ich also, dass meine Kids zu Besuch auf dem Dorf und in Sachsen waren?

Wenn meine Tochter zum Beispiel zu mir sagt »*Wär's zuerst riescht, aus dem krieschts.*« (Wer es zuerst riecht, aus dem kriecht's.), dann klingt das für mich schon extrem nach Opa. Und wenn ich sie dann danach frage, was sie bei den Großeltern getrieben hat und sie antwortet: »*Keene Ahnung.*« (Keine Ahnung), dann frage ich mich immer, wie man innerhalb so kurzer Zeit eine zweite Sprache lernen kann. Das Brot in die Soße »*ditschen*« (eintauchen), haben unsere Kinder auch ganz sicher nicht von uns. Ich hatte es Ihnen auf Seite 33 in Kapitel »*Der Kaffeesachse*« ja schon verraten, wer aus meiner Familie Riesenfan von dieser »*Ditscherei*« ist.

Was ich versuche zu sagen, ist: Auch wenn unsere Kinder im Ausland geboren wurden und nun nicht in Sachsen aufwachsen, durch ihre Ferien bei den Großeltern bekommen sie alles mit, was man als echter Sachse kennen und beherrschen muss. Auf jeden Fall sind sie schon deutlich sächsischer als ihr schwäbischer Vater, mich werden sie aber sicher nicht überholen.

Ein weiterer Grund, warum unsere Kinder so gern in Sachsen auf dem Dorf sind, ist sicher der Einfallsreichtum meines Vaters. Wie typisch dies für uns Sachsen ist, lesen Sie jetzt.

Erfindungen und Pfusch

Es gibt eine weitere sächsische Mentalität, für die mein Vater meiner Meinung nach das Aushängeschild schlechthin ist: Die Sachsen sind Pioniere, Erfinder, Tüftler und Bastler. Auf Seite 83 haben Sie ja bereits einen kleinen Vorgeschmack bekommen, was die Pionierarbeit und den Erfindergeist der Sachsen angeht. Doch damit nicht genug. Durch das ewige Streben der Sachsen schaffen sie es nicht selten zu Weltruhm und Bekanntheit weit über Ländergrenzen hinaus. Sie wollen Beispiele? Die bekommen Sie:

Erfindungen

Die **weltweit erste Tageszeitung** kommt aus Leipzig. Am 1. Juli 1650 brachte Timotheus Ritzsch die erste Ausgabe der »Einkommenden Zeitung« heraus. Sie erschien sechs Mal pro Woche, hatte vier Seiten und die Größe eines Taschenbuches. Die Erlaubnis zur Veröffentlichung musste Ritzsch damals übrigens vom schwedischen König einholen. 1642 geriet Leipzig nämlich unter schwedische Besatzung. Mittlerweile gibt es in Deutschland über 300 Tageszeitungen, erfunden haben es aber wir Sachsen.

Die **kleinste Batterie der Welt** kommt aus Chemnitz. Die an der TU Chemnitz entwickelte Batterie ist mit bloßem Auge kaum sichtbar. Entwickelt wurde diese salzkorngroße Batterie für Sensorchips und Energieroboter, aber auch um die Implantate in einem menschlichen Körper mit Strom versorgen zu können. Die Minibatterie ist im Moment noch ein Prototyp, verspricht aber Großes.

Der **Teebeutel** wurde in Dresden erfunden. Adolf Rambold entwickelte 1929 als Mitarbeiter des Unternehmens »Teekanne« den ersten Aufgussbeutel für Teegetränke. Er war aus geschmacksneutralem Spezialpergamentpapier und damit ein großer Fortschritt zu den bis dahin benutzten Baumwollsäckchen.

Dr. phil. Ottomar Heinsius von Mayenburg eroberte Europa und die USA mit seiner **Zahnpasta**. Auf dem Dachboden seiner Apotheke am Dresdner Altmarkt tüftelte er 1907 an seiner eigenen Zahncreme (er hat sie also eher revolutioniert, aber nicht erfunden). Seine Creme bestand aus Kalkstein, ätherischen Ölen und Minzöl und bekam den Namen »Chlorodont«. Seine Zahnpasta wurde als Weltneuheit gefeiert, und er wurde zum führenden Anbieter von Zahnputzmitteln.

Die Sachsen können sich außerdem folgende Erfindungen auf ihre Fahnen schreiben: Paul Richard Carl Kohl erfand 1939 in Chemnitz den »Aktendulli« (auch Heftstreifen genannt) und brachte somit mehr Ordnung in unsere Unterlagen. Aus Glashütte kam 1959 die erste Herrenarmbanduhr mit Selbstaufzug. Bei der Erfindung weg vom Korsett und hin zum BH streiten sich etwas die Geister, wer die Idee zuerst hatte. Mit ins Rennen geht auf jeden Fall Christine Hardt. Das erste deutsche Patent für ein »Frauenleibchen als Brustträger« meldete die Dresdnerin auf jeden Fall an. Die Grundlage für die Thermoskanne, die Trommelwaschmaschine, die Kleinbildkamera oder auch Holzschliffpapier – alle diese Erfindungen haben ihren Ursprung in Sachsen.

Produkte aus Sachsen weltweit

Wenn es darum geht, Produkte aus Sachsen zu benennen, die den weltweiten Durchbruch geschafft haben, dann gibt es zwei grundverschiedene Dinge, an denen wir nicht vorbeikommen: Das Meißner Porzellan und Holzkunst aus dem Erzgebirge.

Wie bereits auf Seite 54 beschrieben, genießt die Holzkunst aus dem Erzgebirge sogar bei amerikanischen Prominenten ein sehr hohes Ansehen. Doch nicht nur Pyramiden sind weltweit begehrt. Kennen Sie die Elfpunkt-Engel? Diese gelten unter anderem als Aushängeschild für das erzgebirgische Kunsthandwerk. Doch nicht nur in Deutschland verkaufen sich die kleinen Engel gut. Vor allem in Nordamerika, Japan, den Niederlanden, Österreich, der Schweiz und Skandinavien haben die Figuren viele Fans. Vor 100 Jahren schuf Grete Wendt die ersten Elfpunkt-Engel, mittlerweile hat das Unternehmen 175 Beschäftigte und erwirtschaftet damit einen Jahresumsatz von etwa 10 Millionen Euro.

Doch damit nicht genug. Die erzgebirgische Holzkunst hat es sogar bis nach Paris ins Disneyland geschafft. Markus Fürchtner aus der Fürchtnerwerkstatt in Seiffen entwarf für den Vergnügungspark kleine Figurenpaare mit Zylinder, Sonnenschirm und Wagenrad-Hut, natürlich handgefertigt. Das Disneyland Paris hat diese kleinen Kunstwerke ihren Kunden und Geschäftspartnern geschenkt.

Weltweit noch ein bisschen bekannter als die erzgebirgische Holzkunst dürfte allerdings das Meißener Porzellan sein. Bei dem deutschen Traditionsunternehmen handelt es sich um den ältesten Porzellan-Hersteller Europas. Nur ein Grund, warum Teller, Tassen und Co. mit den gekreuzten Schwertern als Symbol so teuer sind. Doch richtig hochpreisig wird es vor allem dann, wenn Sie sich altes Meißener Porzellan in ihre Vitrine stellen möchten. In New York wurde eine Sammlung des Porzellans aus dem frühen 18. Jahrhundert für 13 Millionen Euro versteigert. Die Verbindung zwischen Meißen und New York scheint generell sehr gut zu sein. Die Porzellan-Manufaktur ging mit dem New Yorker Skater-Label »Supreme« eine Kooperation ein. Wie das zusammenpasst? »Supreme« kooperiert regelmäßig mit wechselnden Luxuslabels. So entstehen in kleinen Stückzahlen äußerst beliebte Produkte. Die Kombination aus Meißener Porzellan und »Supreme« brachte eine Amor-Statue mit einem klassischen »Supreme«-Shirt bekleidet hervor. Natürlich war diese nach Sekunden ausverkauft. Wer dennoch eine dieser Statuen bei sich im Wohnzimmer stehen haben möchte, kann sie aus zweiter Hand auf Ebay für über 6000 Euro kaufen.

Das Interesse ist aber auch in anderen Ländern der Welt sehr groß. In Japan und Taiwan ist die Handwerkskunst aus Meißen mit den blauen Schwertern ebenfalls sehr gefragt. Ein japanischer Sammler zahlte 2011 die Rekordsumme von 1,1 Millionen Euro für eine Löwenfigur aus Meißener Porzellan. In den 1730er-Jahren hatte August der Starke die Figur für sein japanisches Palais in Dresden in Auftrag gegeben.

Auf den letzten Seiten gab es also genügend Beispiele dafür, dass wir Sachsen Denker, Tüftler, Erfinder und vor allem Macher sind. Jetzt schulde ich Ihnen nur noch den Beweis dafür, dass mein Vattke das perfekte Aushängeschild für all diese Eigenschaften ist. Ich gebe zu, dass er keinen BH erfunden hat und auch die selbst desinfizierenden Bildschirme am Fraunhofer-Institut nicht seine Idee waren, aber eine weitere Eigenschaft, die meiner Meinung nach viele Sachsen vereint, ist neben der Tüftelei der Hang zum Handwerk, zum Selbermachen und Ausprobieren. Bei meiner Umfrage (Seite 20 in Kapitel *»Die sind doch alle braun, in Sachsen«*), welche Vorurteile über die Sachsen uns selbst am meisten nerven, war eine Antwort: »Auf der einen Seite reparieren sie alles selbst, es wird aber auch viel gepfuscht.«

Ehrlich gesagt, musste ich etwas lachen, als ich dieses Vorurteil gelesen habe, weil ich sofort an meinen Vattke denken musste. Er ist nämlich auch einer von denen, die wirklich alles selbst machen können. Er repariert Fahrräder, gräbt metertiefe Erdtunnel, baut Hochbeete, Gewächshäuser und Hühnerställe selbst. Als ich in meiner Jugend in mein Teenie-Zimmer auf den Dachboden gezogen bin, durfte ich selbst bestimmen, wie ich mir mein neues Reich da oben vorstelle. Die Südländerin in mir wollte griechische Säulen im Eingangsbereich, und was soll ich sagen – er hat mir Rom nach Hause geholt. Als Kinder hatten meine Schwester und ich ein Puppenhaus, einen Holz-Zoo, eine Ritterburg aus Holz, einen Kaufmannsladen und ein Hexenhaus draußen vorm Haus, alles geplant und gebaut von meinem Vattke.

Warum ich trotz all dieser Bauwerke auch bei dem Wort »Pfusch« an ihn denken muss? Nun ja, er greift manchmal eventuell zu unlauteren Mitteln, wenn nicht das richtige Werkzeug zur Hand ist. Als er die Wände in meinem Jugendzimmer verputzte und ich zufällig dazukam, traf mich fast der Schlag, als ich sah, dass er keine Kelle in der Hand hielt, sondern eines meiner Kuscheltiere zum Verputzen nutzte. Da war wohl gerade wirklich nichts Besseres griffbereit. Heute lachen wir über diese Story und mit diesem Buch und dem Öffentlich machen dieses Skandals gelingt es mir vielleicht, endlich Frieden mit dem qualvollen Tod meines Kuschelhasen zu schließen. Und ja Mutsch, ich denke an Prinz Harry.

Sächsin goes Zypern

Ich habe ja bereits mehrfach erwähnt, dass ich auch 18 Monate mit meiner Familie auf Zypern gelebt habe. Nach unserer Zeit in Dänemark hat uns also das Fußball-Business auf diese wunderschöne Insel geführt. Ich würde lügen, würde ich sagen, dass ich diesen Schritt und den dazugehörigen Entscheidungsprozess nicht zu meinen Gunsten beeinflusst hätte. Nach sechs Jahren Dänemark und der Geburt unserer beiden Kinder waren wir uns aber auch einig, dass uns eine solche Sonneninsel aus vielerlei Gründen richtig guttun würde. Und so war es auch.

Was mein Zypern-Abenteuer im Sachsen-Buch zu suchen hat? Eine Sache ist mir in den anderthalb Jahren Inselleben besonders aufgefallen: Keiner kann feiern wie die Zyprioten. Was aber die Geselligkeit und die Gastfreundschaft angeht, schafft es Sachsen mindestens auf Platz zwei. Das ist nämlich die Gemeinsamkeit, die ich bei den Zyprioten und Sachsen sehe.

Seit ich denken kann, wird in unserer Familie jedes Ereignis groß gefeiert. Bei jedem Geburtstag (ja, auch die Unrunden), zu Schulanfängen und Jugendweihen, immer wird die komplette bucklige Verwandtschaft eingeladen. Man sitzt gemütlich zusammen, es gibt viel zu viel zu Essen und kaum eine Woche später sieht man sich bereits erneut, weil es schon wieder etwas zu feiern gibt. Die Zyprioten haben das genauso gemacht. Ob die Nachbarn oder Bekannte, wir wurden mit zu Taufen geschleppt, zum Grillen eingeladen und gemästet, als gebe es keinen Morgen mehr. Diese Geselligkeit und vor allem dieses freundschaftliche Willkommen heißen kannte ich genauso auch aus Sachsen. Leichter hätten es uns die Zyprioten also nicht machen können. Statt Roster gabs übrigens Pita und Gyros. Die Story mit den Schweine-Hoden erzähle ich Ihnen dann ein anderes Mal.

MEIN
LEBEN HEUTE

Kann ich noch Deutschland?

Als ich nach sieben Jahren Auslandsaufenthalt nach Deutschland zurückgekommen bin, wusste ich ehrlich gesagt nicht, was mich erwarten würde. Es war nicht nur die Tatsache, dass ich wieder in einem für mich fremden Bundesland (diesmal ging es nämlich nach Bayern) leben würde. Viel mehr machte ich mir Gedanken darüber, ob ich noch hierher passe. Ich habe mit 29 Jahren der Bundesrepublik den Rücken gekehrt, um mal für ein, zwei Jahre in Dänemark zu leben. Das war der ursprüngliche Plan. Wie Sie auf den vorigen Seiten aber lesen konnten, waren meine Auslandsabenteuer in Dänemark und Zypern viel mehr als kurze Übergangsstationen.

Ich glaube, ich hätte noch ewig so weitermachen können. Alle drei bis fünf Jahre das nächste Land erobern, die Sprache lernen, die Mentalität aufsaugen und mich als Mensch weiterentwickeln. Mit Kindern, die bald das Schulalter erreichen, ist das aber eher schwierig. Und wenn ich ehrlich bin, hat der Umzug nach Fürth Sachen möglich gemacht, die vorher undenkbar gewesen wären. Die Schwaben-Omi in direkter Umgebung und die Sachsen-Großeltern brauchen keine zweieinhalb Stunden bis zu uns. Und dann war da noch das Angebot für dieses Sachsen-Buch, was den Schritt zurück nach Deutschland noch einmal untermauert hat.

Wie könnte ich in Zypern am Meer sitzen, mir die Sonne auf den Bauch scheinen lassen, einen Frappé nach dem anderen trinken und dabei ein Buch über meine sächsische Heimat schreiben? Wussten Sie, dass viele Romanautoren an den Schauplatz ihrer Geschichte fahren und manchmal monatelang dortbleiben, um sich beim Schreiben in die Umgebung hineinfühlen zu können?

Ich hatte sieben Jahre hauptsächlich Dänisch, Englisch oder schlechtes Griechisch gesprochen. Zu Hause mit meinen Kindern und meinem Mann gab es halbes Hochdeutsch und gesächselt wurde nur am Telefon mit der Heimat. Die Besuche in Sachsen hatten sich durch den Umzug nach Zypern auf dreimal im Jahr reduziert. Tagesaktuelles Geschehen habe ich nur durch die Nachrichten sporadisch mitbekommen. Zurück in Deutschland wurde es also dringend Zeit, mein Sachsen-Netzwerk zu aktivieren, alte Kontakte zu intensivieren, häufiger in die Heimat zu reisen und mich mit Menschen zu unterhalten, die sich in den letzten Jahren intensiv mit Sachsen auseinandergesetzt oder ihr ganzes bisheriges Leben im Freistaat verbracht haben.

Die ersten Recherchen zum Buch haben mich dann auf eine Idee gebracht, die den ganzen weiteren Schreibverlauf extrem beeinflusst haben. Große Überschrift: »Sächsisch ist der unbeliebteste Dialekt in Deutschland!« Wumms!

Eine bittere Erkenntnis, die ich bereits auf der Seite 96 näher erläutert habe. Und je mehr ich versucht habe, ein paar coole, bekannte und vor allem junge Menschen zu finden, die Gefallen an Sächsisch haben und vor allem ab und zu noch typische Begriffe verwenden, umso mehr musste ich feststellen, dass es diese nicht gibt. Es gab zwei Möglichkeiten mit dieser Tatsache umzugehen: Ignorieren und akzeptieren oder die Sache selbst in die Hand nehmen.

Es zu akzeptieren, wäre das Ende für dieses Buch gewesen.

Die Frage war deshalb: Wo erreiche ich am einfachsten Menschen aus Sachsen, in ungefähr meinem Alter, deutschlandweit, ohne dafür an deren Haustür klingeln zu müssen? Genau, über die sozialen Medien.

Nach drei Wochen Planungszeit ist dann mein Instagram Account »diesachsenverstehen« online gegangen.

Ursprünglich sollte der Kanal übrigens »madeinsachsen«, also wie das Buch heißen, aber wenn Sie selbst Accounts auf Social-Media-Kanälen haben, wissen Sie sicher auch, dass man seinen Wunschnamen so gut wie nie bekommt. Die Zweideutigkeit von »diesachsenverstehen« hat mir dann aber richtig gut gefallen. Denn dieser Name würde genauso gut zum Buch passen. Damit ist nicht nur gemeint, dass man lernen kann, den Dialekt zu verstehen, sondern ich möchte eben auch im Internet zeigen, wie wir Sachsen ticken.

Der Grundgedanke meines Accounts war: durch kurze Videoclips, die längst verloren geglaubten Begriffe und Sätze wie: *»ditschen«, »iss drahtscht wie Sau«* oder *»Hör off, mich zu forhohnebiebeln.«* wiederzubeleben. Aufgebaut ist das Ganze wie ein Sprachkurs und inspiriert hat mich witzigerweise eine Fränkin, die ebenfalls für ihren Dialekt vor der Kamera steht. Meine Videos sehen folgendermaßen aus:

Ich stehe vor der Kamera und sage: »In Sachsen sagen wir nicht: Pssst, können Sie bitte leise sein?« Und danach kommt die sächsische Variante: *»In Sachsn sachmor: Hey, mach'n Kopp zu, du Vochl, orschwerbleede!«* Natürlich sind diese Kurzclips etwas überzeichnet und ja, sie sollen auch provozieren. Die Zielgruppe waren für mich nicht nur die Leute, die gerade in Sachsen wohnen, sondern eben auch die, die es in ein anderes Bundesland oder sogar Ausland getrieben hat. Menschen wie ich, die, egal wo auf der Welt, mit Sachsen verbunden sein wollen.

Wer tummelt sich auf dem Account?

Es gibt so viele Sachsen, die in ganz Deutschland leben und ihren Dialekt nicht mehr sprechen (können, dürfen, wollen). Diese wollte ich mit dem Account ansprechen. Soll ich Ihnen sagen, was dann passiert ist? Keine zwei Monate später waren wir 20.000 Leute. Die Resonanz, das Feedback und vor allem der Austausch unter den Beiträgen haben alles getoppt, was ich mir jemals hätte vorstellen können.

Was mir das sagt? Wir Sachsen haben keine Lust mehr, still zu sein, wir wollen uns nicht verstecken oder schämen, und vor allem sind wir stolz auf unseren Dialekt. Warum machen wir es nicht einfach wie die Bayern? Keiner konnte Bairisch leiden, das war den Bayern aber egal. Je mehr sich die Leute über den Dialekt lustig machten, umso lauter und umso geschlossener wurde das bayerische Völkchen.

Wie erfolgreich dieses selbstbewusste Vorgehen tatsächlich funktioniert, zeigt auch eine Umfrage aus dem Männermagazin »Playboy«, die meiner Meinung nach ein völlig unerwartetes Ergebnis mit sich bringt. Welcher ist Ihrer Meinung nach der erotischste Dialekt in Deutschland? Dass wir Sachsen da chancenlos sind, ist uns sicher allen klar. Aber das ausgerechnet Bairisch auf Platz eins liegt, schlägt doch dem Fass den Boden aus, oder? Wissen Sie, woran das liegt? Die Bayern wählen sich bei solchen Abstimmungen selbst und zwar in großem Stil, und es funktioniert. Laut, lauter, die Bayern! Daran sollten wir Sachsen meiner Meinung nach dringend anknüpfen.

Verstehen Sie mich nicht falsch, es geht nicht darum, uns Sachsen auf ein Podest zu stellen. Es geht auch nicht darum, dass Sächsisch für mich der schönste Dialekt in Deutschland ist. Aber je mehr man sich versteckt, umso unsichtbarer und leicht angreifbarer wird man. Besser als Johann Wolfgang Goethe könnte ich es nicht sagen und deshalb lasse ich ihn dazu sprechen:

»Jede Provinz liebt ihren Dialekt: denn er ist doch eigentlich das Element, in welchem die Seele ihren Atem schöpft.«

Dieses Zitat könnte der Leitsatz meines »Sprachkurses« auf meinen Social-Media-Kanälen sein, denn genau darum geht es. Der eigene Dialekt ist unweigerlich verknüpft mit Erinnerungen, Emotionen, Personen und Geschichten. Um zu verdeutlichen, was ich damit meine, möchte ich Ihnen ein paar Kommentare unter meinen Videos zeigen, verfasst von meinen Followern:

»Obwohl ich in Köln geboren bin, liebe ich das Sächsische. Mein Papa ist in Halle geboren und meine Oma und mein Opa kommen auch aus dem Osten. Obwohl sie seit den 50er-Jahren in Mönchengladbach gelebt hat, hat meine Oma den Dialekt nie abgelegt. Ich vermisse ihn arg. Durch dich höre ich meine Oma reden. Danke«

»Mit 16 Jahren von Beilrode/Torgau nach Schleswig-Holstein, mit 20 nach Dresden, mit 21 nach Fuerteventura und mit 23 Jahren in die Schweiz. Mit 43 habe ich durch dich und deinen Account meinen inneren Frieden mit meinem Dialekt und meiner Herkunft gefunden. Von Herzen Danke dafür.«

»Ich freue mich, dass ich deinen Instagram-Account gefunden habe. Mein Vater ist von Glauchau und ging 1968 nach Kanada. Er spricht nur noch mit seinen Freunden und der Heimat Dialekt, er hat sich riesig über deine Videos gefreut. Danke, danke, danke.«

Wenn ich solche Kommentare lese, bekomme ich Gänsehaut. Nicht nur, dass wir durch den Account weltweit die sächsische Sprache streuen und vor allem auffrischen können, ich erkenne mich selbst auch in so vielen Menschen auf dem Account wieder. Zum einen bezogen auf meinen Weg ins Ausland oder, wie auf Seite 98 ausführlich beschrieben, auf meinen eigenen krampfhaften Versuch, das Sächsisch abzulegen. Wie unglaublich gut tut es dann, wenn man mit den eigenen Videos vermitteln kann, dass der eigene Dialekt etwas Schönes und Wertvolles ist.

Und soll ich Ihnen noch etwas verraten? Ein Großteil dieser vielen Tausend Follower ist so viel besser und bewanderter im sächsischen Dialekt als ich selbst. Es wird korrigiert, ergänzt und diskutiert. Ich war zu keiner Zeit Alleinunterhalter auf meinen eigenen Accounts. Ich bekomme Ideen für neue Videos geschickt, Bilder aus der Heimat, Fotos von sächsischen Schriftzügen oder Speisekarten. Plötzlich beschäftigen sich sehr viele Menschen wieder mit ihrer Herkunft und ihrem Dialekt, besser hätte das Herzensprojekt »diesachsenverstehen« gar nicht anlaufen können. Vorher hatte ich allerdings auch Bedenken, dass ich im Netz für meinen Account zerfetzt werde.

Freiwild im Internet

Endlich wieder vor der Kamera stehen und Dinge tun, die ich liebe. Als ich die ersten Videos gedreht habe, war ich unfassbar glücklich. Als es dann allerdings ans Hochladen und Veröffentlichen ging, bekam ich ein bisschen Schiss vor meiner eigenen Courage. Alles hätte schief gehen können. Von »keiner guckt die Videos« bis »totale Ablehnung und Hasskommentare«.

Das Gegenteil trat ein. Mit jedem Tag und Video wurden wir mehr und der Austausch mit der Gruppe intensiver. Ich würde lügen, wenn ich sage, dass es überhaupt keine Kritik gibt. Verglichen mit dem positiven Feedback ist diese aber überraschend gering. Zwei Dinge höre ich bei den kritischen Kommentaren am häufigsten: »Das ist doch kein echtes Sächsisch.« oder »Das ist doch Beleidigung uns Sachsen gegenüber.«

Mit der ersten Kritik kann ich sehr gut leben, weil ich dieser Behauptung sehr schnell den Wind aus den Segeln nehmen kann, denn: Es gibt kein echtes Sächsisch. Jetzt haben wir in diesem Buch schon so ausführlich über Mundart, Dialekte und Sprachräume gesprochen, dass jedem klar sein dürfte, dass es »das eine, richtige und echte Sächsisch« nicht gibt. Ich wünschte, ich könnte in meinen Videos klingen wie ein waschechter Erzgebirger oder Vogtländer oder eben wie ein typisches Dresdengirl. Kann ich aber nicht, denn ich komme aus dem Grenzgebiet zu Thüringen und dazu noch aus einem kleinen Dorf, was meinen Dialekt nicht falsch, sondern individuell macht.

Ich muss allerdings zugeben, dass die Kritik, ich würde mich über den sächsischen Dialekt lustig machen, nicht spurlos an mir vorübergeht. Denn genau dieser Eindruck könnte entstehen, wenn man sich nicht näher mit mir, meinen Followern oder dem Account beschäftigt. Natürlich ist auf den ersten Blick nicht zu erkennen oder zu hören, dass ich Sächsin bin. Der Gedanke ist also naheliegend, dass ich versuche, den Dialekt zu kopieren, und mal Hand aufs Herz: Wirklich kein Mensch mag es, wenn jemand seinen Dialekt nachmacht und selbst nicht aus der Gegend ist. Das klingt einfach immer völlig daneben und ist für alle Beteiligten äußerst peinlich. Die Tatsache, dass sich nun eine Sächsin vor die Kamera stellt und provokant überzogen ihren Dialekt feiert, passt nicht jedem. Das Schöne an den sozialen Medien ist ja, dass man das eben Gesehene mit einem Weiterwischen ganz schnell wieder vergessen kann.

Ich kann nicht sagen, wohin sich mein Sächsischkurs entwickelt, was ich aber sagen kann ist, dass er bereits große Wellen schlägt und wir gehört werden. Durch Berichte in der »Leipziger Volkszeitung«, der »Freien Presse«, der »Superillu« und im Fernsehen bei »MDR um 11« wird klar, dass das Thema Dialekte noch lang nicht tot ist und dass es ganz viele Menschen wie mich gibt, die das auch nicht zulassen werden.

Als ich den Account gestartet habe, hätte ich mir nie vorstellen können, dass er uns Sachsen und unserem Dialekt so viel Aufmerksamkeit einbringt. Doch genau diese brauchen wir, um uns zu zeigen und unsere Wurzeln nicht zu verlieren.

Die Influencerin Lene Voigt

Wenn es vor 100 Jahren schon die sozialen Medien und Instagram gegeben hätte, wissen Sie, wer dann viele Millionen Follower gehabt hätte? Lene Voigt. Natürlich grenzt es schon fast an eine Beleidigung, diese sächsische Dichterin als Influencerin zu betiteln. Dialekte finden hauptsächlich gesprochen statt, Lene Voigt dagegen war die Königin des geschriebenen Sächsisch.

Bereits mit 15 begann Helena Alma »Lene« Voigt zu dichten, mit 32 Jahren konnte sie von ihren Veröffentlichungen leben. Davon träume ich bis heute. Die Mundartdichterin wurde für ihre Liebe zu ihrem Dialekt und ihrer Kunst abgestraft, nach ihrem Tod vergessen, und erst viele Jahre später wurde deutlich, wie wegweisend ihre Werke waren.

Zu den bekanntesten Büchern der Schriftstellerin zählen: *»Mir Sachsen«*, *»Säk'sche Glassiger«*, *»Säk'sche Balladen«*, *»Mir Sachsen – Lauter gleenes Zeich zum Vortragen«* und *»Vom sächsischen Fluchen«*.

Es ist unmöglich, ein Buch über die Sachsen und deren Mentalität zu schreiben, ohne dabei Lene Voigt vorzustellen. Warum das so ist? Lassen Sie mich mit einem Zitat starten:

»Es gibt nichts Ulkigeres als einen Sachsen, der sich geniert, einer zu sein.« Mit diesem Satz spricht die in Leipzig geborene Voigt ein weiteres komplexes Thema neben dem des Aussterbens des sächsischen Dialektes an, nämlich die Scham, außerhalb von Sachsen Sächsisch zu sprechen. Wie bereits auf Seite 96 ausführlich beschrieben, ist Sächsisch schon sehr lange der unbeliebteste Dialekt in Deutschland. Für viele gilt unser Dialekt nicht nur als unangenehm, sondern wird oftmals sogar als dümmlich und primitiv empfunden. Nun kann man sich darüber streiten, wie viel Anteil die Medienlandschaft daran hat, oder man lässt es und setzt einfach zum Gegenangriff an.

Verglichen mit der heutigen Situation, hatte Lene Voigt zu ihrer Zeit mit deutlich größeren Widerständen zu kämpfen. Die Nazis verboten 1936 all ihre Werke, weil Voigt »die deutsche Sprache verschandle«. Doch je größer der Druck auf sie wurde, desto klarer und bestimmter wurde Lene Voigt selbst, sie sagte: »*Ne Mundart lässt sich nich verbieten, weil blutsgebunden bis ins Mark, dr Volksmund selwer weeß zu hieten sei Vätererbe drei un stark.*« Ich sagte es ja bereits zu Beginn des Textes, die Patriotin als Influencerin zu bezeichnen, ist eine Frechheit.

Vor allem durch die beruflich bedingten Weggänge vieler Menschen aus Sachsen in andere Bundesländer verschwindet unser Dialekt zusehends. Ehrlicherweise muss man auch noch immer vermuten, dass ein harter Dialekt bei einem Vorstellungsgespräch nicht sonderlich hilfreich ist und wenn es sich auch noch um Sächsisch handelt, dürften sich die Chancen auf den Job vielerorts noch einmal verschlechtern. Lene Voigt würde sich im Grabe umdrehen.

Auch in der DDR wurden die Werke von Lene Voigt lange nicht neuveröffentlicht, weil sie immer als Parodie auf Walter Ulbricht angesehen wurden. Erst durch die »academixer« vom Kabarett in Leipzig, in der zweiten Hälfte der 1970er, kam es erneut zum großen Durchbruch ihrer Werke. Eine besonders wichtige Rolle spielten dabei die Kabarettisten Tom Pauls, Gunter Böhnke, Bernd-Lutz Lange und Gisela Oechelhauser.

Genau dieser Kampfgeist, den Lene Voigt zu Lebzeiten hatte und den viele Jahre nach ihrem Ableben andere für sie übernommen haben, ist für mich eine absolute Stärke der Sachsen. Wir machen so lang weiter, bis wir unser Ziel erreicht haben, und dabei lassen wir uns auch nicht unterkriegen. Wer könnte es treffender sagen als Lene Voigt: *»Was Sachsen sinn von echtem Schlaach, die sinn nich dod zu griechn.«*

Ronny-Bashing

Es gibt eine Story aus Zwickau, die ich Ihnen unbedingt noch erzählen möchte und die ich nur erlebt habe, weil es meinen Instagram-Account gibt. Durch meine Umzüge und meinen Job als Journalistin war ich immer der Meinung, dass mich keine Geschichte mehr wirklich überraschen kann. Die folgende »Ronny-Story« hat das allerdings geschafft. Während der Arbeit an diesem Buch bekam ich eine Anfrage der »Freien Presse Zwickau« für ein Interview zum Thema »Ronny«. Ja, Sie haben richtig gelesen: Ein Artikel über den Namen Ronny. In der Anfrage stand:

»Ich mache eine Geschichte zum Namen ›Ronny‹. Da Sie den Namen manchmal in Ihren Instagram-Beiträgen aufwerfen, wollte ich sie fragen, ob sie Lust auf ein kurzes Gespräch darüber hätten? Aufhänger dabei ist ein Leserbrief von einem ›Ronny‹, der sich über die Kommunikation der Diskothek ›Nachtwerk‹ in Zwickau beschwert. Die schrieben auf Instagram ›Kommt lässig, stylish und cool: nicht im Ronny-und-Chantal-Outfit.‹ Das kam beim gebürtigen Glauchauer gar nicht gut an. Er bezeichnete es als ›Ossi-Bashing‹.«

Ich musste laut auflachen, als ich diese Anfrage las. Denn tatsächlich heißt mein fiktiver Ehemann auf dem Kanal Ronny und das ist auch kein Zufall. Spätestens seit dem Komikerduo »Elsterganz« nimmt dieser Name vor allem im Osten Deutschlands einen ganz bestimmten Platz ein. Bei der bekannten Szene über die »Ronnyfamilie« würde schon deutlich heftiger auf dem Namen herumgehackt als beim Partyaufruf der Diskothek. Gestört hat es damals keinen. Jetzt aber gab es irgendwo in Sachsen einen Ronny, der sich gewaltig auf den Schlips getreten fühlte.

Bei weiteren Recherchen für das Interview ist mir aufgefallen, dass allein unter meinen 30.000 Followern über 100 Ronnys zu finden sind. Verrückt! Und dennoch hat sich niemals einer davon auf meiner Seite darüber beschwert, dass ich diesen Namen auch häufig für fragwürdige und dumme Aktionen meines Instagram-Ehemannes verwende. Im Gegenteil! Und deshalb war meine Antwort im Interview zum Thema »Ossi-Bashing« und »Ronny-Mobbing« auch folgende:

»Natürlich hat ›Ronny‹ einen gewissen Ruf, aber bei mir ist es so, dass sich die Ronnys freuen, wenn sie ihren Namen hören. Also eigentlich komplett das Gegenteil. Was soll ein Kevin sagen? Was soll eine Mandy sagen? Man sollte einfach zu sich stehen, egal, ob es um die Herkunft oder den Namen geht. Meine Ronnys sind gerne Ronnys.«

Wissen Sie eigentlich, warum es so viele Ronnys in Sachsen gibt, obwohl der Name so gar nicht deutsch klingt? In den beiden Jahrzehnten vor der Wende waren englische Vornamen in der Mittelschicht sehr beliebt. Mike, Ronny, Denny, Mandy, Cindy und so weiter waren die Renner. Fragt man jedoch außerhalb Sachsens, Sachsen-Anhalts und Thüringens jemanden nach dem »Ronny-Bashing«, wird man mit großen Augen angeschaut. Es ist also tatsächlich ein Phänomen des Ostens. In Bayern oder Hamburg würde ein Ronny also höchstwahrscheinlich stolz zur »Nachtwerk«-Party gehen. Ein Ronny ist bei den folgenden Persönlichkeiten zwar leider nicht dabei, dennoch sollten sie die Sachsen, die ich Ihnen nun vorstelle, unbedingt kennen.

Zeigt euch, ihr Sachsen!

Während der Recherchen zu diesem Buch habe ich mich natürlich auch mit der Frage auseinandergesetzt, wer berühmte Sachsen waren, aber vor allem noch sind. Wie auf Seite 83 im Kapitel »Schicksalsfahrt« bereits angedeutet, gibt es viele bekannte Sachsen, die als Erfinder, Pioniere und kluge Köpfe unser heutiges Leben maßgeblich beeinflusst haben. Neben den bereits genannten, kennt auch jeder den Schriftsteller Karl May (meistgelesener Schriftsteller der deutschen Sprache), den Kosmonauten Sigmund Jähn (der erste Deutsche im Weltall), den Dichter Gotthold Ephraim Lessing (»Nathan der Weise«, »Emilia Galotti«), August der Starke (Kurfürst von Sachsen) und den Schriftsteller Erich Kästner (»Emil und die Detektive«, »Das fliegende Klassenzimmer«).

Natürlich bewundere ich diese Sachsen und ihr Lebenswerk, aber ich wollte einen erfolgreichen, bekannten und vor allem lebendigen Sachsen finden, zu dem ich heute aufschauen kann und der für mich ein gutes Aushängeschild für unseren Freistaat ist.

Ich spreche von dem Effekt, wenn man einen Promi unweigerlich mit einer Stadt, Gegend oder einem Land verbindet. So unverwechselbare Kombinationen wie Michael Schumacher und Kerpen, Heidi Klum und Bergisch Gladbach, Otto und Ostfriesland, Roger Federer und die Schweiz oder Udo Lindenberg und sein »Hotel Atlantic«.

Ich muss zugeben, dass die Suche langwierig und nicht sonderlich erfolgreich war. Aber sie ist auch nicht total missglückt. Durch die Recherchen bin ich auf einen weiteren, sehr wichtigen Wesenszug der Sachsen gestoßen: Sie stehen für ihre Heimat und Herkunft ein, aber eben leise. Der typische Sachse ist nicht laut und extrovertiert, vielleicht in seiner Familie oder mit Freunden, aber ganz sicher nicht in der Fremde. Aber er ist deshalb auch nicht weniger loyal. Was ich damit meine? Ein gutes Beispiel für diesen »zurückhaltenden Stolz« sind die Bands aus Sachsen. Die wenigsten schreien ihre Herkunft ungefiltert in die ganze Welt und doch verarbeiten sie oftmals in ihren Songs ihre Beziehung zur Heimat. Hier ein paar Beispiele:

Im musikalischen Bereich müssen wir Sachsen uns wirklich nicht verstecken, mal wieder nicht. Ob »Die Prinzen« (Leipzig), »Kraftklub« (Chemnitz) oder »Silbermond« (Bautzen), diese Künstler sind deutschlandweit erfolgreich. Auch die Zwillinge von »Tokio Hotel« wurden in Leipzig geboren und sind sogar weit über Deutschland hinaus bekannt.

Wahrscheinlich hört man am ehesten noch bei der Popband **»Die Prinzen«** anhand des Dialektes, dass sie aus Sachsen sind. Mit sechs Millionen verkauften Tonträgern gehören sie seit über 30 Jahren zu den erfolgreichsten Bands des Landes.

Auch die deutlich jüngere Band **»Kraftklub«** aus Chemnitz steht zu ihrer Herkunft. Mit Indie, Punkrock und Rap mischen sie seit über zehn Jahren die deutsche

Musikszene auf. Die Jungs leben noch immer in ihrer Heimatstadt Chemnitz und haben mit dem »Kosmonaut« eine Zeitlang sogar ein eigenes Musikfestival in Chemnitz veranstaltet und so der Region eine Menge zurückgegeben. Überraschungsauftritte in Chemnitz gibt es noch heute regelmäßig. Mit ihrem Song »Karl-Marx-Stadt« räumen die fünf Jungs auf ironische Art und Weise mit den Vorurteilen gegen Sachsen und dessen Bewohner und damit auch irgendwie gegen sich selbst auf. Hier ein kleiner Auszug:

»Ich steh auf keiner Gästeliste
Ich bin nicht mal cool in einer Stadt, die voll mit Nazis ist,
Rentnern und Hools
Ich cruise bananeessend im Trabant um den Karl-Marx-Kopf
Die Straßen menschenleer und das Essen ohne Farbstoff
Diskriminiert, nicht motiviert
Von der Decke tropft das Wasser, nix funktioniert
Und so wohn'n wir in Sachsen, auf moderten Matratzen
Immer gut drauf, auch ohne Kohle in den Taschen
Ich komm aus Karl-Marx-Stadt, bin ein Verlierer, Baby, original Ostler«

Nach der Musik ist vor dem Faktencheck Chemnitz:

Auf vielen Fotos ist die Band übrigens auch vor dem berühmten **Karl-Marx-Monument** zu sehen. Viele Chemnitzer nennen ihr Wahrzeichen übrigens »Nischel« und den Platz drumherum »Schädelstätte«. Mit 13 Metern

Höhe und 40 Tonnen Gewicht ist das Karl-Marx-Monument nach dem Lenin-Kopf in Ulan-Ude die zweitgrößte Portraitbüste der Welt. Die Bekanntheit des »Nischels« nutzt Chemnitz natürlich auch für Werbung in eigener Sache. Bereits nach der Wende ging die Stadt im Südwesten Sachsens mit dem Slogan: »Stadt mit Köpfchen« auf Touristenfang.

Noch eine Sache, mit der sich Chemnitz sehr gern brüstet, ist die Bezeichnung **»sächsisches Manchester«**. So wird die Großstadt nämlich seit dem 19. Jahrhundert auch genannt. Bereits 1895 schrieb Berthold Sigismund: »… in Chemnitz sowohl als in der Umgegend walten die Fabrikgebäude vor, von denen nur einige der Jüngsten das Bestreben offenbaren, neben der Zweckmäßigkeit auch die Schönheit zu berücksichtigen.« Als Standort für die entstehende Textilindustrie und den Maschinenbau mauserte sich das rasant entwickelnde Chemnitz damals zum Konkurrenten der englischen Industriemetropole Manchester. Was nach einem Kompliment klingt, ist aber nicht unbedingt eins. Der Name »Manchester« stand damals nämlich vor allem für soziale und hygienische Probleme, die das urbane Wachstum mit sich brachte. Die »Skyline« von Chemnitz war um 1870 geprägt durch einen Wald rauchender Fabrikschornsteine – leider roch es auch genauso.

Wussten Sie, dass Chemnitz auch **»Strumpfstadt«** genannt wurde? Man mag es heute gar nicht mehr glauben, aber es gab eine Zeit, in der 90 Prozent aller Strümpfe weltweit aus Chemnitz kamen.

Chemnitz ist Europas größte **Solarhauptstadt.** 28.000 Quadratmeter Kollektoren wandeln Sonnenenergie in Heizwärme um. Das sind 12.700 Megawattstunden im Jahr und es gehen immer mehr Anlagen ans Netz. Durch Photovoltaikanlagen werden außerdem nochmal 25.500 Megawattstunden Elektrizität produziert.

Mein Osten

Zurück zu den Bands und der Musik. Eine ebenfalls sehr bekannte und aus Sachsen stammende Band ist **»Silbermond«.** Die vierköpfige Band um Sängerin Stefanie Kloß stammt aus Bautzen und engagiert sich seit Jahren gegen Rechtsextremismus und verarbeiten die rechtsgesinnten Demonstrationen in ihrer Heimatstadt Bautzen sogar in einem Lied. In »Mein Osten« singt die Band über die Zerrissenheit, die sie empfindet, wenn sie die Entwicklung der sächsischen Stadt Bautzen sieht. Und dennoch wird auch deutlich, wie tief die Band von ihrer Herkunft geprägt ist. Hier ein Auszug aus »Mein Osten«:

»Ich kenn' dich, kenn' dich gut
Mein Osten, mein Osten
An deiner Schönheit kratzt die Wut
Mein Osten, mein Osten
Aufgeben, nicht deine Art

Und nicht komplett im Arsch
Mein Osten ·
Meine Wurzeln, mein Revier
Mein Osten, mein Osten
Hab' Bescheidenheit von dir
Mein Osten, ich steh' zu dir
Ich vergess' nicht, wo ich herkomm'
Vergess' nicht
Ich kenn' doch dein' freundlichen Blick
Mein Osten, mein Osten
Ruppig, herzlich, wie du bist
Mein Osten, mein Osten
Wir kriegen irgendwas hin
Dass deine Ängste nicht gewinnen
Mein Osten«

Um wieder ein wenig in leichtere literarische Gewässer zu kommen, folgt nun meine Story von meinem Treffen mit der Band »Silbermond«:

Während meiner Zeit bei der »Leipziger Volkszeitung« hatte ich auch immer wieder das Glück, Bandinterviews vor der Kamera machen zu dürfen. 2013 stand ein Treffen mit der Band »Silbermond« an, und ich hatte die Idee meines Lebens – dachte ich zumindest kurz.

Ich nehme zu Interviews gern ein kleines Geschenk mit, damit kommt man oft leichter ins Gespräch und kann das Eis brechen. Wenn ich versuche, meine Gedankengänge von damals noch einmal Revue passieren zu lassen, dann muss es in meinem Kopf ungefähr so abgelaufen sein:

»Silbermond – Band aus Sachsen – Band aus Bautzen – Bautzen? – Bautzen! Senf!« Perfektes Geschenk.

Ja, ich habe ein Glas Bautzner Senf mit zum Interview genommen und damals fand ich die Idee noch richtig gut. Was soll ich sagen, es war ein Reinfall. Ich kann nicht mal sagen, dass es schlecht angekommen ist, es wurde irgendwie ignoriert. Entweder war meine Idee, Bezug zur Heimat herzustellen, wirklich schlechter als gedacht, oder im Probenraum von »Silbermond« lagern mittlerweile 500 Gläser Senf, weil einige Fans und Journalisten vor mir bereits diese schlechte Idee hatten. Lange Rede, kurzer Sinn, die »Senfglasübergabe« hat es nie ins Video zum Interview geschafft. Die gute Nachricht ist, ich esse noch immer sehr gern Bautzner Senf. So. Themawechsel, schnell!

Sachsen-Stars

Wir Sachsen sind nicht nur musikalisch, sondern auch sportlich. Natürlich gibt es auch hier Aushängeschilder, die jeder in Deutschland kennt. Katharina Witt (Eiskunstlauf), ehemalige Fußballer wie Michael Ballack, René Adler und Ulf Kirsten, Stefan Kretzschmar (Handball), Jens Weißflog (Skispringer), Eric Frenzel (Nordischer Kombinierer) oder Denise Herrmann-Wick (Biathletin). All diese ehemaligen Sportler haben sich durch ihre Leistungen einen Namen in ganz Deutschland oder sogar weltweit gemacht.

Und auch auf der Bühne oder vor der Kamera haben wir Sachsen einiges zu bieten, vor allem im Bereich Comedy und Kabarett. Das »Pullunder-Wunder« und Vorzeige-Sachsen Olaf Schubert zum Beispiel. Ebenfalls schon ewig im Geschäft und deutschlandweit bekannt, sind Tom Pauls (Schauspieler und Kabarettist) und Gunter Böhnke (Autor und Kabarettist). Beide setzten sich auch extrem für den Erhalt des sächsischen Dialektes ein. Sei es durch ihr Bühnenprogramm, ihre Bücher oder die Auszeichnung zum »Sächsischen Wort des Jahres«. Die Plauenerin Katrin Weber ist als Kabarettistin und Moderatorin unterwegs und feiert auch als Sängerin große Erfolge.

Einer der bekanntesten Schauspieler Sachsens ist Jan Josef Liefers. Der Produzent und Regisseur wurde in Dresden geboren und ist vor allen durch seine Rollen in »Knockin' on Heaven's Door« und den »Tatort« bekannt. Das weibliche Pendant und die Vorzeigeschauspielerin Sachsens ist Simone Thomalla. Auch die Leipzigerin kennen viele durch ihre Rolle im Tatort und die Fernsehserie »Frühling«, die bereits seit 12 Staffeln erfolgreich läuft.

Hoffentlich bald vergessene Sachsen

Bei all den genannten Persönlichkeiten fehlen noch die Promis, die irgendwie (wenn auch zum Glück nur kurzweilig) zum Aushängeschild der Sachsen wurden und damit einen fahlen Beigeschmack hinterließen. Ich wette, Sie können etwas mit den Namen »Sachsen-Paule« und Regina Zindler anfangen.

»Sachsen-Paule« nannte sich später auch »Sachsen-Heiko«. Der Leipziger wurde durch eine Talk-Show und seinen Berufswunsch »Pornodarsteller« berühmt. So wurde die Erotik-Industrie tatsächlich auf den Bürokaufmann aufmerksam, der eigentlich durch seine alles andere als attraktive Erscheinung und seinen nicht überhörbaren sächsischen Dialekt keineswegs ins Pornobusiness passte. Die Filmtitel lassen vermuten, dass es der Kunstfigur »Sachsen-Paule« an Seriosität fehlte: »Der Ladykiller aus Sachsen«, »Der Ossi-Rammler«, »Tote Hose im Osten?« oder »Der Ossi-Picasso«. Nach seinem Besuch im Big-Brother-Haus wurde es dann endgültig ruhig um Heiko, vermissen dürfte ihn keiner.

Ähnlich viel Fremdscham für eine Landsfrau dürften einige Leute auch bei Regina Zindler verspürt haben. Sie wurde durch den Chart-Hit von Stefan Raab »Maschen-Draht-Zaun« über Nacht berühmt. Ein Nachbarschaftsstreit hatte damals (natürlich auch durch den sächsischen Dialekt) die Aufmerksamkeit von »TV Total« auf sich gezogen. Auf Sächsisch klingt ein Begriff wie »Knall-erbsenstrauch« eben besonders witzig, und so war Regina Zindler monatelang eine der berühmtesten Einwohner Sachsens. Eine pöbelnde Frau am Gartenzaun – besseres Marketing hätte sich der Freistaat doch gar nicht wünschen können, oder?

Der stolze Sachse

Kennen Sie den Begriff »Sachsenstolz«? Gunter Böhnke definierte den Begriff einst in seinem Buch »50 einfache Dinge, die Sie über Sachsen wissen sollten« so: »Es handelt sich hierbei um eine diffizile Mischung aus hartnäckiger Gefühlsduselei und ahnungsvoller Realitätserkenntnis. Sobald dem Sachsen eine reale Gefahr droht, flüchtet er sich in ein schwer durchschaubares Konglomerat von Gefühlen, die die Realität abmildern oder zudecken.« Dies sei für den Sachsen die Lösung, auch mit den schwierigsten Situationen des Alltages klarzukommen. Böhnke ist der Meinung, dass der »Sachsenstolz« vor allem vom Entdeckerstolz, dem Familienstolz, dem Berufsstolz und dem Besitzerstolz genährt wird. Man mag also den »Sachsenstolz« definieren, wie man möchte, ich verbinde das Wort mit einem Ereignis in Franken.

Als ich in Fürth beim Fleischer (Mein Mann würde jetzt sagen: »Das heißt Metzger.«) war, habe ich der Verkäuferin aufgezählt, was ich kaufen möchte. Statt damit zu beginnen, die Wurstwaren für mich abzuwiegen, hat sie mich angestarrt und gefragt: »Sind Sie auch aus Sachsen?«

Hier macht natürlich das kleine Wörtchen »auch« einen weltentscheidenden Unterschied. Es war nicht so, dass mich eine Fränkin an meinem Dialekt als Sächsin enttarnt hatte, sondern sie war eine von uns! Ich weiß, das klingt völlig übertrieben, wenn ich das so sage, aber das war das, was wir in diesem Moment empfunden haben.

Und wie reagieren die meisten Sachsen, wenn sie sich durch Zufall in der Fremde treffen? Genau, sie beginnen ein endloses Gespräch und vergessen die Welt um sich herum. In unserem Fall kam noch ein leicht hysterisches Verhalten dazu und ja, vielleicht haben wir vor Begeisterung sogar ein wenig gekreischt.

Mein schwäbischer Mann und der Rest der Kundschaft konnten unsere Begeisterung nur bedingt teilen. Aber sicher können Sie sich auch vorstellen, wie egal uns das war. Wir hatten uns nicht gesucht, aber gefunden. Ich glaube, so lang war ich noch nie beim Fleischer. Ich bin mir ehrlich gesagt nicht mal sicher, ob ich am Ende mit Wurst nach Hause gegangen bin oder nur mit dem fetten Grinsen auf meinem Gesicht, weil sich kurz alles nach Heimat angefühlt hat. Das ist für mich Sachsenstolz und Liebe zur Heimat.

Lach doch mal!

Und weil wir gerade bei lustigen Menschen sind, bleiben wir auch da. Eine weitere Eigenschaft, die man den Sachsen nachsagt, ist nämlich die sympathische Wesensart, dass wir sehr gut über uns selbst lachen können. Und genau deshalb kommen jetzt ein paar Sachsen-Witze, die Sie einfach kennen müssen. Und auch hier möchte ich mich noch einmal deutlich von allem distanzieren, was nun folgt:

Dennis: »Verrätst du mir, was du liebst?«
Mandy aus Leipzig: »Dischdennis!«
Dennis: *verunsichert*

»Gendern is, wenn dor Saggse middn Kanu umgibbt.«

Seit dem letzten Besuch bei der Familie sind Sonnenuntergänge mit den Kindern immer besonders romantisch:
»Ei, gugge ma... glei diddschd se nei!«

Hauptsache man darf nicht tätowiert sein,
weil das ja unseriös ist.
Aber Sächsisch reden am Telefon ist ok, oder was?

Ein Sachse betritt einen Dessousladen.
»Guhdn Daach, isch hädde gärne een BH for de Edith.«
Antwortet der Verkäufer:
»Dudd mer leid, mir ham nur BHs for zwee Diddn!«

»Es tut mir leid, aber ich kann Sie mit Ihrem sächsischen
Dialekt nicht ernst nehmen.«
»Gänsefleisch mal uffhörn?«

Was sagt ein Sachse, wenn er in Amerika einen Weihnachts-
baum kaufen möchte?
»Ädännschenpleas.«

Die Franken und die Sachsen

Mittlerweile lebe ich, wie bereits erwähnt, mit meiner Familie in Franken. Ich könnte auch schreiben, dass ich in
Bayern lebe, aber dann dürfte ich mich hier nicht mehr
auf der Straße blicken lassen. Das ist so wie bei den Vogt-
ländern und Erzgebirgern, die wollen auch so gar nichts
voneinander wissen und schön getrennt betrachtet werden.

Ich muss immer lachen, wenn mich meine Freunde
oder Bekannte fragen: »Und, habt ihr euch in Fürth gut
eingelebt?«, und dabei schauen, als hätte ich eine Wur-
zelbehandlung hinter und noch fünf weitere vor mir. Das
soll keine Beleidigung gegen unsere neue Heimat sein,
sondern ist eher der Tatsache geschuldet, dass wir im
November aus dem sonnigen Zypern ins nicht ganz so
sonnige Deutschland gezogen sind. Kombiniert mit der
Tatsache, dass wir schon davor in Dänemark für mehrere

Jahre am Meer gelebt haben, kann man die Angst um meinen Seelenfrieden in Deutschland eventuell etwas besser nachvollziehen.

Die gute Nachricht ist allerdings: Fürth ist toll und die Franken erinnern mich oft an die Sachsen. Hier wird auch Dialekt gesprochen und das sicher deutlich mehr als in der ein oder anderen bayerischen Großstadt. Allerdings gab es deshalb zu Beginn auch einige Sprachbarrieren zu überwinden.

Um das Thema nicht wieder komplett ausufern zu lassen, und weil diese Diskussion schon viele hunderttausendmal geführt wurde und es am Ende niemals ein richtig oder falsch geben kann, halte ich mich kurz!

Wussten Sie, dass die Franken Krapfen zum Pfannkuchen sagen? Also der Pfannkuchen, der in anderen Teilen Deutschlands Berliner genannt wird? Mit einer Roster oder einem Wiegebraten brauch ich hier auch keinem kommen. Das »Ränftel« wird »Gnäzzla« oder »Knust« genannt, im Hochdeutschen meint man damit das Endstück des Brotes. Und aus dem sächsischen »Himmelbriezl« oder »Motschekiebchen« (Marienkäfer) wird ein »Haichemuggela«. Wer also Dialekte so liebt wie ich, sollte dringend einen Urlaub in Franken einplanen.

Eine weitere Parallele, die mir sofort zwischen den Sachsen und den Franken aufgefallen ist, ist die »Eroberungstaktik«. Oder auch die »Hart-aber-herzlich-Mentalität«.

In vielen Ländern ist es typisch, freudestrahlend auf andere Menschen zuzugehen und diese zu fragen: »Wie geht's?« Allerdings wird die Antwort dann nicht abgewartet, weil die Frage nicht wirklich ernst gemeint war, sondern höflich sein oder das Gespräch eröffnen sollte. Auch in einigen deutschen Großstädten beobachte ich dieses Phänomen immer häufiger, und ich mag es nicht. Deshalb ist die gute Nachricht: Die Sachsen und die Franken machen das nicht.

Für manchen Außenstehenden könnten diese beiden Völkchen deshalb im ersten Moment distanziert oder sogar unfreundlich wirken. So ist es aber nicht, ganz im Gegenteil. Eigentlich haben wir einfach nur keine Lust auf Oberflächlichkeiten. Wenn wir jemanden fragen, wie es ihm geht, dann wollen wir es auch wirklich wissen. Wenn wir merken, dass man mit Respekt und Wohlwollen auf uns zugeht, dann sind wir sehr offen. Die Sachsen und die Franken sind meiner Meinung nach extrem hilfsbereit und loyal, wenn sie einen erst einmal ins Herz geschlossen haben. Wenn das passiert ist, dürfen Sie dann übrigens auch überall mit hin. Selbst wenn Sie nur der neue Arbeitskollege sind, sind Sie auch beim Familiengrillen oder dem nächsten Ausflug mit Freunden ein gern gesehener Gast. Und das nicht aus gespielter Höflichkeit, sondern weil Sie einen echten (sächsischen) Freund dazugewonnen haben. Der Sachse gilt übrigens seit jeher als höflich. Dies bewies zuletzt eine Studie zu den höflichsten Städten Deutschlands. Leipzig setzte sich in diesem Ranking gegen zahlreiche Städte durch und landete auf Platz sieben.

Sollten Sie nicht aus Sachsen kommen und deshalb leichte Probleme beim Verstehen des Dialektes haben, dann kommt hier eine kleine Verständnishilfe.

Kleines sächsisches Wörterbuch

Ich selbst bin ja ein großer Fan von Wörterbüchern. Als ich in Dänemark Dänisch und auf Zypern Griechisch gelernt habe, war ein Wörterbuch immer das erste, was ich mir zugelegt habe. Aus Schulzeiten verstauben auch noch ein französisches und ein englisches Nachschlagewerk in meinem Bücheregal. Aber soll ich Ihnen etwas verraten? Erst mit 36 Jahren und diesem Buch ist mir klar geworden, dass es auch Wörterbücher für Dialekte gibt.

Bei der sächsischen Ausführung sind mir allein drei verschiedene Exemplare bekannt, und die könnten besser und lustiger nicht sein. Natürlich dürfen deshalb auch in diesem Buch ein paar Beispiele nicht fehlen. Ideal dafür die Top 10, herausgebracht vom Sprachenverlag Pons »Sächsisch für Anfänger«. Here we go:

- *Bämme, de* (Scheibe Brot, belegtes Brot)
- *Dämmse, de* (Hitze, Schwüle)
- *forhohnebiebeln* (verspotten, auf den Arm nehmen)
- *Diggnischl, de* (Dickkopf)
- *Motschekiebschen, 's* (Marienkäfer)

- *Ränftl, 's* (Brotkante, Endstück)
- *Flebbn, de* (Führerschein)
- *diggschn* (eingeschnappt sein)
- *Rennsämmln, de* (Sportschuhe)
- *Bomforzionös* (großartig)

Und hier noch die beliebtesten Sätze von meiner Insta-
gram-Seite »diesachsenverstehen«.

- »*Doohmas, räum dein Schnulli weg, oder ich hau den
  Spiddl in de Donne.*« (Thomas, räum deine Sachsen
  auf, oder ich schmeiße alles in den Müll.)
- »*Enriggo, hald jedsd de Babber, sonsd brennd hier dor
  Boom.*« (Enrico, halte bitte deinen Mund, sonst
  brennt hier der Baum.)
- »*Mirgoh, biste ferdsch? Ich muss och mal off de Hüd-
  de.*« (Mirko, bist du fertig? Ich muss auch auf die
  Toilette.)

Dialekt ist Heimat und Seele

Als mir eine Followerin ganz am Anfang meines Insta-
gram-Accounts schrieb, dass sie durch mich »ihren Frieden mit ihrem Sächsisch gefunden hat«, hatte ich am ganzen Körper Gänsehaut. Nicht nur, weil ich diese Aussage
als großes Kompliment empfunden habe oder weil es mir
gezeigt hat, dass mein Account kein reiner Spaßkanal ist,

sondern auch, weil ich mit diesem Buch das Gleiche für mich erreichen wollte.

Es wäre gelogen, würde ich sagen, dass ich, als das Angebot für dieses Buch kam, sofort »Ja!!!« geschrien habe, und es wäre auch nicht wahr zu behaupten, dass ich damals stolz auf meinen Dialekt war. Auf meine Herkunft und Heimat dagegen bilde ich mir schon immer etwas ein, weil ich mich überall auf der Welt wohlfühlen kann und bisher mit allen Kulturen sehr gut zurechtgekommen bin. Dass das so ist, verdanke ich vor allem meinen Eltern, meinem Heimatdorf und Sachsen, davon bin ich überzeugt.

Wie lang ich zumindest sprachlich versucht habe, meine Herkunft zu leugnen, habe ich ausführlich beschrieben. Mittlerweile bestimmen der Dialekt und die Sachsen, auch durch meinen Instagram-Kanal, mein komplettes Berufsleben. Wenn ich keine Videos auf Sächsisch aufnehme, werde ich mit meinem Sachsen-Buch auf Lesetour sein oder Interviews zu diesen Themen geben. Niemals hätte ich mir vorstellen können, dass das alles so eintritt und ich als »Sachsen-Muddi« auf der Straße erkannt werde.

Ein weiterer Kommentar unter einem meiner Videos, der mich immer wieder motiviert weiterzumachen, war: »Dialekt ist Seele.«

Genau diesen Satz möchte ich am Ende dieses Buches und dank aller tollen Erlebnisse durch die Sachsenseite fett unterstreichen. Dialekte sind nicht nur die Art und Weise, wie eine Region spricht. Mundart und Dialekte sind auch immer ganz eng mit Erinnerungen, Eindrücken, Gefühlen und Emotionen verknüpft. Dialekte können berühren und ein Gefühl auslösen, das sich wie Nach-Hause-Kommen anfühlt. Wenn es mir gelingt, nur ein paar Leute auf dieser Ebene zu erreichen und das Ganze mit einer Menge Spaß für alle zu kombinieren, dann habe ich den coolsten Job der Welt.

Ob Sie es glauben oder nicht, das Buch ist an dieser Stelle schon zu Ende. Der rote Faden durch mein Leben endet an dieser Stelle, an der ich in Fürth sitze und dieses Buch schreibe. Das Gute daran ist, dass ich erst Mitte Dreißig bin und damit hoffentlich noch Teil zwei und drei dieses Buches schreiben kann. Mein Gefühl sagt mir, dass ich irgendwann wieder in Sachsen leben werde, für Nachschub an Geschichten ist dann hoffentlich gesorgt.

Mein Fazit nach der Arbeit an diesem Buch: Ich habe nicht nur meinen Frieden mit dem sächsischen Dialekt geschlossen, sondern werde weiterhin alles dafür geben, dass wir Sachsen deutschlandweit so gesehen werden, wie ich uns sehe. Als höfliches, kluges, lockeres, witziges, geselliges, liebenswertes und hilfsbereites Völkchen. Ich weiß nicht, ob man Folgendes in einem Buch schreiben darf: Arschlöcher gibt es überall. Aber das trifft es für mich ganz gut. Wenn ich es dann geschafft habe, dass sich der ein oder andere selbst ein Bild von uns Sachsen macht, arbeiten wir uns auch im Dialekte-Ranking nach oben, einfach weil Sächsisch rockt! Und wir Sachsen sind alles, aber sicher kein Bummelletzter.

DANKSAGUNG

Als ich das Angebot bekam, dieses Buch zu schreiben, war ich mir aus vielerlei Gründen nicht sicher, ob ich die Richtige dafür bin. Ich wusste, dass ich dieses Werk schreiben möchte, aber nach sieben Jahren Ausland wusste ich nicht, ob ich das auch kann. Darum bedanke ich mich als erstes bei den Menschen die gesagt haben: »Na klar, musst du dieses Buch schreiben. Wer, wenn nicht du?«

Ein besonderer Dank geht außerdem an meinen Agenten Dr. Martin Brinkmann und an meinen Verlagschef Matthias Walter. Ohne Euch würde es das Buch nicht geben und es ist ein tolles Gefühl, zu spüren, wie ihr hinter mir steht und wie wir mit jeder Zusammenarbeit noch mehr zusammenwachsen. Danke für euer Vertrauen, eure Unterstützung und den witzigen Austausch. Macht euch schon mal Gedanken, was als nächstes kommt.

Der größte Dank geht wie immer an meine Eltern und meine Familie aus Sachsen und dem Ländle.

Mutsch und Vattke: Danke, dass es mich gibt, dass ihr mich sein lasst, wie ich bin und immer bedingungslos unterstützt.

Danke außerdem an Langenreinsdorf und an all meine tollen Freunde, die immer mitfiebern, inspirieren und akzeptieren, dass ich ständig alle Geburtstage vergesse oder ab und zu länger von der Bildfläche verschwinde.

Dir, liebe Katha, möchte ich danken, dass du trotz des Babys wieder meine Ergüsse gegengelesen hast. Buch Nummer drei, du bist unglaublich.

Danke an Kai für das tolle Coverfoto (mal wieder) und an Felix für deine Unterstützung Tag und Nacht (Weißabgleich forever).

Danke auch an meine Follower, auf welchen Kanälen auch immer, meine ägyptische Muse und meine ewige Liebe Martina. Ihr seid eine große Inspiration, Motivation und Wissensquelle.

Last but not least danke ich Ihnen, liebe Leser, dass Sie dieses Buch in den Händen halten. Ich hoffe, wir sehen uns auf einer meiner Lesungen, um die Sachsen gebührend zu feiern und uns persönlich auszutauschen.

Bei Fragen, Kritik oder einfach nur dem Wunsch nach Austausch können Sie sich jederzeit persönlich bei mir melden unter: info@kristinavomdorf.com.

Mehr zu meinem Leben, alle Infos zur Lese-Tour oder wo ich mich aktuell aufhalte, gibt es auch auf meinem Blog www.kristinavomdorf.com und natürlich auf allen bekannten Social-Media-Portalen unter »Kristina vom Dorf« oder bei »diesachsenverstehen«.

Bis bald und nicht vergessen: Sächsisch rockt!

Als Anhalterin um die Welt –
das Tagebuch einer Vagabundin

Eines tristen englischen Herbsttags trifft Nic mal wieder eine Entscheidung, die ihr Leben umkrempeln wird. Aber diesmal komplett. Wenige Monate später bricht sie per Anhalter auf in Richtung Byron Bay, Australien – und reist einmal kreuz und quer durch Europa und Asien.

Was sie unterwegs erlebt, wird sie ihr Leben lang begleiten: In Polen begibt sie sich auf die Suche nach ihrem entfremdeten Vater. Auf der Strecke zwischen St. Petersburg und Moskau rettet sie eine Rollstuhlfahrerin aus einem brennenden Auto, bevor sie als einzige Fahrgästin in die Transsibirische Eisenbahn steigt. In Kambodscha übernachtet sie mitten im Dschungel und in Malaysia in einem Geisterhaus.

Eindringlich und humorvoll erzählt Nic in »Away« von ihrem Vagabundenleben unterwegs, von der großen Kraft des Zufalls und von ihrer späten Einsicht: Um eine Reise wirklich zu verstehen, muss man an den Ort zurückkehren, an dem alles begonnen hat ...

Nic Jordan
Away
Wie ich nichts zu verlieren hatte und per Anhalter von London nach Australien reiste

ISBN 978-3-95889-462-4

www.conbook-verlag.de/
buecher/away

**CON
BOOK.**

Das Buch zum erfolgreichen Reisepodcast »Welttournee«

Adrian Klie und Christoph Streicher
Auf Welttournee
Zwei Freunde, 120 Länder,
ein Buch voller Erlebnisse

ISBN 978-3-95889-459-4

www.conbook-verlag.de/buecher/
auf-welttournee

**Work hard, travel harder:
Das Buch für Weltentdecker
trotz Vollzeitjob**

Nicht immer geht alles glatt auf Reisen, das wissen Adrian und Christoph nur zu gut. In humorvollen Anekdoten erzählen die beiden Freunde und Podcast-Hosts (»Welttournee – der Reisepodcast«), wie sie die Welt auf ihre ganz eigene Art entdecken. Das Besondere: Adrian und Christoph sind keine Reiseblogger oder Aussteiger. Sie haben Vollzeitjobs und wollen mit ihren 30 Urlaubstagen so viel wie möglich erleben.

Wie sie das anstellen und was sie dabei in über 120 bereisten Ländern alles erlebt haben, verraten sie in diesem Buch – und berichten von großen und kleinen Katastrophen, einmaligen Begegnungen und kuriosen Fortbewegungsmitteln.

Kurzum: Die besten Geschichten einer Männerfreundschaft, die mit jedem Stempel im Pass noch eine Spur besser wird.

CON
BOOK.

Bildstarke Geschichten
des Bestseller-Autors

NICK MARTIN

GEILSTE LÜCKE
IM LEBENSLAUF

The Next Level: Meine Reiseabenteuer
in bildgewaltiger Form

SPIEGEL
Bestseller-
Autor

CON
BOOK

Nick Martin
**Die geilste Lücke im Lebenslauf –
The Next Level**
Meine Reiseabenteuer in
bildgewaltiger Form

- Großes Bildbandformat mit
  über 700 Bildern und über
  5 Stunden Audiokommentaren von Nick

- ISBN 978-3-95889-460-0

- www.conbook-verlag.de/buecher/
  die-geilste-luecke-im-lebenslauf-
  the-next-level

Nicht erst seit seinen erfolgreichen Erzählungen ist Nick Martin eine feste Größe im Reisekosmos. Seit über 10 Jahren bereist er die Welt und lässt seine Fans und Mitmenschen humorvoll und sympathisch an seinen Abenteuern teilhaben.

In *The Next Level* geht er nun noch einen Schritt weiter und dokumentiert in über 700 Fotos seine bekannten und neuen Reisegeschichten auf besonders beeindruckende Weise.

Entdecken Sie grandiose Landschaften, skurrile Momentaufnahmen und spannende Storys in diesem einmaligen Bildband des Profi-Abenteurers. Lassen Sie sich begeistern von exotischen Orten, herzlichen Menschen und den vielen kleinen und großen Wundern, die einem auf Reisen begegnen.

Machen Sie sich bereit für *The Next Level*.

- ★ Beeindruckender geht es nicht: über 700 Fotos des sympathischen Weltenbummlers

- ★ Viele neue Geschichten, viele neue Einblicke

- ★ Über 5 Stunden per QR-Code abrufbare Audiokommentare von Nick

**CON
BOOK.**

BOM FOR ZIO NÖS